VALENTÍN MARTÍNEZ CARBAJO

DEJÉ UNAS NOTAS PARA TI

Contenido

Introducción

En el momento de redactar estas líneas tengo cincuenta y tres años. Quizá puedan parecer muchos, pero cuando llegas hasta aquí la percepción que uno tiene del tiempo se modifica de manera sustancial y lo que parecía una eternidad pasa a convertirse, casi de pronto, en un suspiro. No quiero imaginar lo que percibiré más adelante sí es que conservo el don de continuar viviendo. ¿Quién iba a decirme a mí que iba a considerar un don el hecho de vivir? Durante muchos años sentí desprecio por la vida y quería quitármela porque la única sensación certera que percibía era el dolor y la única emoción la desesperanza más absoluta. Mi válvula de escape era imaginar cómo llevaría a cabo mi suicidio, hasta el punto de adquirir un libro que explicaba como suicidarse sin dolor. Allí descubrí que eso de quitarse la vida no era tan fácil como había imaginado y en la tentativa podía quedarme en una situación peor de la que padecía. Aun así, cuando tenía veinticinco años comencé a almacenar medicamentos con la finalidad de poner término a mi sufrimiento. Yo pensaba que todo el horror que vivía se debía a que yo era homosexual, no obstante, en aquel momento, puesto que casi había aceptado por completo el hecho de mi orientación sexual, llegué a la conclusión de que el desastre emocional, que rodeaba mi vida, debía tener raíces mucho más profundas, como de hecho así sucedía, y que si quería ser feliz debía ahondar en el verdadero origen de mis miedos, de mis complejos y de mis traumas. Bueno, ahora puedo decir, que mi lucha personal ha dado algunos resultados y con ellos he ganado una mayor calidad de vida, unida a una libertad interior que sin pretenderlo se ve reflejada, de vez en cuando, en los acontecimientos externos de mi vida diaria.

A finales de los setenta yo tenía veinte años y la información que existía sobre la homosexualidad o al menos a la que yo tenía acceso, era prácticamente nula. Casi todas las fuentes que encontraba se referían a ella como una *enfermedad*. No existían modelos en los que verme reflejado ya que el estereotipo de gay, era el de un hombre afeminado y débil, con aparente poco cerebro cuyo sueño secreto era el de convertirse en mujer y, en su delirio, exponerse a todo tipo de insultos e improperios por parte de aquellos ante quienes exhibía su verdadera personalidad. Quiero dejar claro que, aunque nunca me haya sentido identificado con ese estereotipo, hubo muchos hombres que sí lo hicieron y reivindicaron, desde aquellos modelos y con su forma de vida, el derecho a su libertad y por ende a la de todos los que sentían distinto a la mayoría. Estoy seguro que, sin aquellas heroicas avanzadillas, hoy no disfrutaríamos de los derechos que nuestro colectivo ha consolidado.

Uno de los mayores golpes que recibí cuando acudí al primer psiquiatra al que por primera vez me atreví a confesar lo que yo era, fue, cuando al escucharme, se llevó las manos a la cara en un gesto de horror. Era un hombre mayor, lo cual no justificaba que me diera aquel mensaje no verbal con el que me convertía en una especie de monstruo incalificable; pero así estaban las cosas para mí en el año setenta y ocho. Ni que decir tiene el efecto que aquella terapia pudo producir en mi estado de ánimo. Por otra parte, la literatura sobre el tema tampoco era demasiado afortunada ya que principalmente se centraba en la tormentosa existencia que llevaban sus protagonistas. Lo que no decía era que sus tormentos y obsesiones no se debían a su orientación sexual si no a la opresión y la ignorancia de sus congéneres que con sus normas y conductas asfixiantes ahogaban, en la misma medida, tanto su psiquismo como su espíritu.

En mis años de juventud no había gais y lesbianas, había maricones y tortilleras, y el resto de los hombres y mujeres que convivían con ellos tenían licencia para el insulto, el desprecio, la burla o la humillación. Lamentablemente esta situación aún persiste en numerosos países del mundo y es llevada hasta a un extremo tan lacerante, que aún se permite quitarnos la vida amparados en las leyes creadas por una mayoría, en una edad evolutiva cuanto menos inmadura y cuanto más arrogante, hiriente e irrespetuosa por la diversidad de la naturaleza humana; y todo ello amparado en la complacencia y despreocupación que otorga el pertenecer a un grupo mayoritario y dominante.

Las notas que hoy quiero dejarte las redacto desde un momento muy distinto de la historia. Afortunadamente en mi país, a finales de dos mil doce, las leyes han evolucionado hasta el punto de legislar y amparar el matrimonio entre personas del mismo sexo, han hecho aparición modelos en los que reflejarse desde una normalidad inimaginable cuando yo comenzaba a despertar a la vida, y aunque la sociedad siempre suele ir a la zaga de cualquier tipo de evolución e invariablemente habrá sectores inmovilistas, el horizonte que se vislumbra es prometedor. Salvo una involución - que nunca es descartable - debida a algún conflicto bélico o político indeseable, soplan vientos favorables para la cordura y la creación de una sociedad respetuosa con quienes sienten de manera distinta al imperante colectivo heterosexual.

A pesar de todo, y esta es la razón por la que me he decido a dejar estas notas, en esta sociedad tan aparentemente liberada de los prejuicios del pasado hay personas que sufren por su orientación sexual, qué no entienden no ya por qué no les aceptan los demás, si no por qué no pueden aceptarse a sí mismos. ¿Qué presiones habitan en su interior que les impiden admitirse tal y como son, incluso, en algunos casos, aun teniendo el apoyo de su familia?

Observando las redes sociales, donde grupos gay de todo tipo proliferan libremente compartiendo inquietudes, denunciando abusos y disparates concernientes al ámbito homosexual, donde circulan fotografías, libros o cuadros donde se tratan las relaciones entre hombres o entre mujeres con una sana normalidad, observando estos hechos, decía, da la impresión de que ya está todo resuelto, que nadie necesita apoyo emocional o entender el porqué somos marginados por algunos sectores de la sociedad o incluso por nuestros propios padres. También puede dar la impresión de que todos vivimos en una especie de limbo que hemos ido creando tanto en la Red como en algunos barrios de ciudades turísticas o importantes y sobra cualquier amparo u orientación a la hora de vivir nuestras vidas.

La razón que me impulsa a escribir este texto partió de una pregunta que se formulaba en uno de estos foros de Internet. Se trataba de una mujer que exponía el caso de su hermano, el cual era homosexual, tenía el apoyo de sus padres y hermanos, pero aun así no conseguía aceptarse y no sabía el porqué. Se había casado en dos ocasiones e incluso había tenido un hijo; en aquel momento se había separado de nuevo y nadaba en el mar de la confusión más absoluta. En mi respuesta le planteé mi punto de vista y el resultado de aquel pequeño post pareció tener bastante aceptación, no sólo por su parte sino por parte de las demás personas que lo leyeron.

Lo que sigue a continuación no es un tratado de psicología, tampoco pretendo que mi visión sobre los temas que voy a desarrollar tenga que ser aceptada por todo el mundo; cada uno tendrá su propia experiencia y habrá sacado sus propias conclusiones. Creo que es bueno que haya diversidad en cuanto a las soluciones que puedan aportarse a las inquietudes que compartimos y también creo que es positivo comunicar las experiencias personales, escuchar o leer testimonios y exorcizar los miedos y frustraciones a la luz de las fórmulas o incluso sortilegios que otros utilizaron y les sirvieron.

Siempre he sido un amante de la lectura. En mi afición descubrí que hasta del libro más anodino siempre sacaba alguna idea, condensada en una frase, que de algún modo iluminaba en aquel momento mi existencia. A menudo estaba enterrada entre cientos de páginas, entre miles de párrafos, pero indefectiblemente aparecía. Con que una sola frase de estas notas haga que la vida de alguno de sus lectores libere un poco de lastre y con ello pueda sentirse más feliz, me daré por satisfecho. Con que una sola de las personas, que se acerque a estas páginas, pueda encontrar una pequeña fórmula liberadora, pensaré que he cumplido con mi propósito.

Para finalizar este prólogo decir que, aunque nunca he sentido la llamada a ser padre, a veces pienso que se debe a que me hicieron creer que era indigno para desempeñar ese papel. Al plantearme tener algún hijo también sentía con temor el hecho de que pudiera ser homosexual; pero no porque, como decían en aquella divertida película "In & Out", yo desprendiera una especie de ondas o efluvios homosexuales, tipo vudú, que pudieran "contagiarle" sino porque, por entonces yo no disponía de las respuestas para poder autoafirmarme, para poder incluso respetarme a mí mismo sin que nadie tuviera que darme permiso para ello y en consecuencia no hubiera podido transmitirle la fuerza necesaria –independientemente de la orientación sexual que tuviera- para que no se sintiera en desventaja y con ello no acabara desarrollando una buena autoestima que le permitiera ser fuerte y feliz. Si hoy en día le tuviera, le enseñaría todo lo que he aprendido sobre la vida, todo lo que me ha servido para encontrar la paz, la confianza y, sobre todo, mi individualidad frente a la insubstancial uniformidad imperante, fruto de una época y sociedad sumamente indolente.

Si yo tuviera un hijo, dejaría para él todas las notas que siguen. Aunque seguramente, con el tiempo, fruto de la inexorable sabia renovada en cada generación, sería él quien me enseñara y con sus enseñanzas me diera aún más libertad; porque la verdadera libertad está en nuestro interior y quien la otorga no son las personas sino las ideas, por eso debemos perseguir nuestra verdad y si realmente nos hace sentirnos libres, si realmente sirve para ese propósito, debemos aplicárnosla y después transmitirla. En cuanto a las ideas que contienen estas notas, son las que me sirvieron a mí. Son mi testimonio y el único legado que puedo dejarte.

Querido hijo que nunca tuve, donde quiera que en el tiempo y el espacio estés, seas o no seas homosexual, dejé estas notas para ti.

¿Qué es ser homosexual?

En uno de eso foros que existen en Internet encontré esta pregunta de un muchacho dolido y desesperanzado por las opiniones contradictorias que decía haber leído buscando respuesta a sus propios impulsos vitales. Hace un tiempo leí una definición tan simple, tan clara y tan verdadera, al mismo tiempo, que resonó en mí corazón con una fuerza que me atrevería a calificar incluso de sanadora:

Ser homosexual es ser un hombre, al que le gusta ser hombre y a quien le gustan los hombres.

El mismo concepto se podría aplicar a una lesbiana que sería una mujer, a la que le gusta ser mujer y a quien le gustan las mujeres.

Querría dejar claro, aunque creo haberme ya manifestado en este extremo, que este libro no es un tratado de sociología o psicología, sino que está basado en mi experiencia personal como hombre homosexual, por lo que difícilmente voy a poder profundizar en el mundo de la mujer lesbiana ya que no tengo suficientes referencias. No obstante, los temas que voy a tratar son de carácter general y conciernen a ambos sexos por igual por lo que espero que sirvan, de igual manera, a unos y a otros; del mismo modo que a los hombres y mujeres heterosexuales que tengan o puedan tener hijos con este tipo de orientación o simplemente les interese el tema.

La definición de homosexual que he reseñado, aun siendo tan aparentemente sencilla, no resulta tan fácil de ver; sobre todo cuando aún te estás formando y las ideas que manejas son irremediablemente de "segunda mano". En general hasta que no hemos alcanzado cierta madurez mental o intelectual, no nos cuestionamos lo que los adultos nos dicen sobre lo que es la vida y el mundo, sobre lo que está bien o está mal o sobre lo que se supone, en el caso que nos ocupa, ser homosexual o heterosexual. Recuerdo que la información que me llegó durante mi adolescencia sobre lo que se suponía que era un maricón, estaba plagada de tópicos e ideas totalmente peregrinas en las que se afirmaba que ser homosexual era desear y sentir como una mujer, de ahí que muchos gais, sin ningún otro tipo de referencia adoptaran ya fuera en el lenguaje o en su forma de actuar un afeminamiento artificioso que nada tenía que ver, intrínsecamente, con la orientación sexual. No digo que no existan gais en quienes el afeminamiento o la "pluma", como coloquialmente se llama, forme parte de su personalidad, pero a estas alturas de mi vida creo que, en su mayor parte, esa forma de conducta es totalmente cultural y adoptada como un artificio debido a una identificación con el tópico que igualaba homosexualidad a femineidad lo mismo que lesbianismo a masculinidad.

Desgraciadamente estos tópicos no forman parte únicamente de quienes se encuentran a pie de la calle. Recuerdo una conversación con un psiquiatra que mantenía la teoría de que a medida que uno iba aceptando su homosexualidad se iba feminizando; al parecer también sucedía lo mismo con las mujeres, aunque en este caso se masculinizaban. Afortunadamente, por aquella época, había conocido a suficientes homosexuales como para saber, de primera mano, que aquella apreciación era totalmente falsa y que ser homosexual ni te feminizaba, ni te aportaba una sensibilidad especial, ni gustos que te diferenciaran sustancialmente de cualquier otro hombre que no lo fuera. Un gay podía ser tan bruto como el que más, tan zafio como el mayor de los ignorantes y con menos sensibilidad que una hoja de papel de lija. Naturalmente, puede darse un comportamiento afeminado sin que se trate de una influencia meramente cultural, pues dentro del grupo mayoritario de los heterosexuales también los hay sensibles y afeminados sin que su orientación sexual esté dirigida hacia los de su propio sexo. Lo mismo podríamos decir de las mujeres en el otro sentido.

Quiero que quede bien claro que no estoy condenando a quienes no muestren un tipo de conducta totalmente masculina, sólo digo que no es una característica general de los homosexuales; de la misma forma que una conducta totalmente masculina tampoco es una característica absoluta entre los heterosexuales.

Esto que hoy en día parece tan obvio, cuando yo despertaba a mi sexualidad, era algo totalmente oscuro y estoy seguro de que, en muchos lugares del mundo, donde la información aún está revestida por la ignorancia, aún muchos hombres y mujeres enloquecen, como de algún modo lo hice yo, al pensar que dentro de ellos podrían encontrarse dormidas esas propensiones que los "instruidos" del momento presuponían.

Salvo en los casos de transexualidad, los valores de la masculinidad están ligados al hombre independientemente de su orientación sexual. Como decía la definición de homosexual, con la que me siento totalmente identificado, un homosexual es un hombre al que le gusta ser hombre; en consecuencia, se siente identificado tanto con los valores culturales que se atribuyen tradicionalmente al hombre, como por ejemplo puedan ser la audacia, la fortaleza, la valentía, etc. Así como con aquellos otros que puedan ser consustanciales o intrínsecos a su género masculino.

Creo que, para algunas personas, ser militar, deportista o un profesional de trabajos que impliquen fortaleza física, que entrañen algún tipo de riesgo para la vida o necesiten de un temperamento frio o especial, no pueden ser compatibles con la homosexualidad y es porque todavía piensan que la orientación sexual trastoca los valores masculinos o nos disocia de ellos.

Afortunadamente, gracias sobre todo a Internet, hoy en día la imagen que se da del homosexual difiere notablemente de los tópicos que se daban en tiempos de nuestros abuelos; aunque los avances sociales y culturales en algunas partes de nuestro mundo aún se encuentre muy lejos de llegar a ellos.

Para terminar con este apartado transcribo una de las preguntas que, para mi sorpresa, apareció en mi grupo de facebook, y que me motivó a escribir estas notas. También transcribo la respuesta que di:

Hola amigos, soy de Argentina, ¿qué es la homosexualidad?, ¿Dónde puedo encontrar información acerca de lo que realmente es la homosexualidad?, Gracias. ¡Es que muchas corrientes están a favor o en contra, y eso realmente me confunde y deprime!

Esta fue la respuesta:

La homosexualidad es un modo de manifestar la afectividad y la sexualidad entre los seres humanos. Los homosexuales no somos renglones torcidos de Dios (si es que crees en él) o de la naturaleza; si no una de las múltiples formas en las que escribe. Ser homosexual no es mejor ni peor que ser heterosexual. El problema está en que muchas personas se creen con derecho a juzgar a otras por el simple hecho de estar en mayoría (un 10% oficial de homosexuales frente a un 90% de heterosexuales, según las estadísticas) y como consecuencia de esos juicios, muchos de nosotros sufrimos de forma gratuita. Busca información entre quienes sienten como tú y toma de ella lo que te sirva para sentirte libre. Estoy seguro que con el tiempo tendrás tu propia opinión y no necesitarás a nadie que te confirme en ella. Un abrazo.

Pues bien, yo siento como ese amigo argentino y como otros españoles y de multitud de razas y países que han estado perdidos en un momento u otro de su vida en relación a su orientación sexual. Visto que todos nos formulamos los mismos interrogantes y que encontramos información contradictoria sobre el tema, quiero aportar lo que yo descubrí a lo largo de mi vida y compartir los recursos que utilicé para sentirme bien conmigo mismo y las respuestas que les di a mis propias preguntas.

¿Por qué se es homosexual?

Recuerdo una mañana, cuando tenía dieciséis o diecisiete años, que abrumado tanto por mis pensamientos
como por la presión social que sentía, caminaba abstraído
por los pasillos del centro de estudios al que pertenecía y
de repente me acerqué a uno de los pocos profesores que
me ofrecía confianza y, sin mediar ningún tipo de prólogo,
le formulé, a *bocajarro*, la siguiente pregunta: ¿Por qué
se es homosexual?

Era un buen profesor, pero aún era todavía mejor persona. La verdad es que, en pleno pasillo de la escuela,
rodeados de gente que iba y venía, por tratarse de la hora
del recreo, sin darle un mínimo tiempo para la reflexión,
me dijo que leyera una novela que se titulaba La máscara
de carne de Maxence Van der Meersch. A los pocos días
la compré en una librería y lo leí. Realmente no me aclaró
mucho. El protagonista era un hombre torturado por su
orientación sexual; el cual me transmitió su angustia, su
desesperanza y sus sentimientos de culpabilidad, que
en aquellos tiempos acrecentaron los míos. Pasados los

años, pude darme cuenta que la mayor enseñanza que recibí de aquel profesor al formularle aquella pregunta, no fue la de recomendarme aquel libro, aunque gracias a ello puede constatar que había más gente que sentía y padecía como yo, si no que fue la del respeto y la normalidad con la que me trató. Sin duda sabía el porqué le preguntaba aquello y al contrario que otras personas, teóricamente más preparadas en ayuda psicológica, hizo que, por primera vez, experimentara aquel aspecto de mi vida con cierta cordura. No me miró con desprecio como estaba acostumbrado a que me miraran mis padres, no se alteró, se asustó o me rechazó como otras personas hicieron en etapas posteriores de mi vida, cuando busqué ayuda profesional. Aquel breve encuentro que duró apenas unos segundos, me aportó un poco de paz y también de luz. Corría el año mil novecientos setenta y cuatro o setenta y cinco.

Nadie me supo decir porque era como yo era o porqué sentía del modo en el que lo hacía y si lo de las manzanas y las peras puede resultar muy actual, como consecuencia de las lecciones magistrales de una famosa política de nuestros tiempos (febrero de 2011), hace treinta y cinco años un psiquiatra al que acudí, trato de explicarme, en términos parecidos, no por qué yo era así, sino por qué no debía serlo. Imagino que tanto el psiquiatra como la política han bebido de la misma fuente.

A estas alturas de mi vida me da lo mismo la respuesta a esa pregunta. Soy homosexual del mismo modo que tengo el pelo castaño, los ojos marrones o mido uno setenta.

Preguntarse por qué uno es homosexual es como si un negro se preguntase por qué es negro y no blanco o amarillo.

En la búsqueda de la respuesta a esta pregunta leí toda clase de teorías absurdas, que resultaban totalmente ajenas a lo que experimentaba o a lo que yo sentía. Lo cual me confundía aún más al tratarse de libros supuestamente científicos. Todavía no me había dado cuenta que en nombre de la ciencia se han dicho barbaridades, a lo largo de la historia, que finalmente se han tenido que corregir; y otras que seguro están en camino de rectificarse.

Se es homosexual como consecuencia de la diversidad de seres y de tendencias que existen en la naturaleza. Quizá antes, se podía ocultar, pero ahora, a través de Internet podemos observar el mundo (por el momento) sin censuras y comprobar como en todas las razas, etnias o culturas es un hecho incuestionable la diversidad sexual. No digamos en el reino animal, donde este comportamiento es habitualmente observado en una gran mayoría de especies sino en todas. Quien sería capaz de ver a dos leones machos copulando, si no fuera por YouTube. Hace unos meses salía, como noticia, que un explorador británico de principios del siglo XX, no se atrevió a publicar las observaciones sobre el comportamiento sexual de los pingüinos, a los que calificó de depravados, debido a la mojigatería y el oscurantismo de la rígida moral imperante tanto en la época como en sí mismo.

Si tengo que decantarme por alguna teoría, simplemente por curiosidad, diría que la homosexualidad es una forma que tiene la naturaleza de autorregularse en número.

Hoy en día, debido a la divulgación de las teorías holísticas, donde vemos que todo en la naturaleza está mucho más interrelacionado de lo que se pensaba, es posible aceptar que algo más grande que el propio ser humano, y no estoy hablando de misticismo, es capaz de tomar decisiones e influenciar al conjunto de la especie. (Leer las teorías de Rupert Sheldrake, biólogo y filósofo británico).

Hay un pez originario de Japón -el pez halcón- que cuando en su hábitat, faltan hembras, es capaz de cambiar completamente no sólo su orientación sexual sino su estructura biológica con el fin de poder reproducirse. Lo mismo sucede en un grupo de hembras cuando es necesario que aparezca un macho. Con esto quiero decir que la naturaleza es capaz de autorregularse. No quiero lanzar otro tipo de mensaje. Y si es capaz de autorregularse para perpetuarse, también tiene que serlo para controlar su número. A mí me da igual, si soy homosexual porque la naturaleza decidió limitarme como reproductor o por otro motivo que se le ocurra a cualquier teórico del tema. Lo que sé es que no lo elegí, como no elegí el color del pelo, de mi piel o mi altura.

Uno es homosexual porque un día descubre que es así, que su orientación venía en *el lote*. No serían necesarios más argumentos si la moral no se inmiscuyera en un territorio que no le corresponde. Y no se generaría tanto sufrimiento inútil si un grupo de hombres y mujeres, simplemente por motivos de superioridad numérica, no se creyeran mejores y más dignos que los otros por el simple hecho de que esos otros son menos.

Lo peor de todo es que si uno es homosexual porque un día lo descubre así, ya que forma parte de su naturaleza, la naturaleza humana tiene algunas reacciones primarias que afloran de manera automática ante lo diferente. Los humanos tenemos miedo de lo singular, de lo que no nos resulta familiar. Como consecuencia del miedo que sentimos, gobernados por nuestros impulsos arcaicos, tratamos de apartar lo que nos produce ese miedo y como herramienta para apartarlo hace su aparición el odio, dando lugar a las fobias, al racismo y en grados más extremos al apartheid o incluso al genocidio. Sólo un ser humano evolucionado, fruto de una educación global saludable, sabe de la diversidad de otros seres humanos y que no hay porque tenerlos miedo, porque en el fondo, todos deseamos lo mismo y es el hecho de vivir tranquilos y en paz.

Y aquí aparece la primera cuestión, ¿qué pasa cuando en medio de un numeroso grupo de heterosexuales descubres que no eres como ellos? ¿Y si además la gran mayoría de ellos te ven como un ser singular, que le abre la puerta a sus miedos más irracionales, alimentados por prejuicios obstinados y la comodidad de no tener que esforzarse en comprender a unos pocos por estar amparados en su superioridad numérica?

La dificultad para aceptarse uno mismo

El hecho de que al descubrir la homosexualidad en uno mismo no podamos aceptarnos del mismo modo que uno acepta su color de ojos o de pelo, no se debe a un impulso razonado sino a la presencia de un miedo irracional frente a lo que descubrimos en nosotros, que nos incita a silenciar lo que somos, sin que podamos explicarnos exactamente el porqué. Este miedo nace del instinto más poderoso que se encuentra en la naturaleza humana: el instinto de pertenencia.

Necesitamos pertenecer a un grupo para poder sobrevivir e instintivamente sabemos que si nos apartan prematuramente de él es posible que no lo consigamos. Ese grupo está formado inicialmente por la familia en la que nacemos, pero nuestras relaciones se extienden mucho más allá, pues somos seres sociales y vislumbrar la posibilidad de que nos aparten de nuestro entorno social puede hacernos entrar en pánico ya que es a través del grupo, ya sea familiar, laboral o de carácter amistoso, donde encontramos los elementos indispensables para la vida;

desde el alimento material, imprescindible para nuestro cuerpo físico, como el alimento afectivo, imprescindible para nuestro equilibrio psíquico, anímico o emocional.

Darse cuenta de este hecho, a menudo sirve para romper "el maleficio", es decir ese temor visceral que nos paraliza. Cuando identificamos los impulsos, poniéndolos nombre o simplemente observando su origen suelen perder su fuerza y nos permiten pensar, y al pensar podemos desarmarlos y hacer que no ejerzan una presión hostil en nosotros mismos y en nuestra conducta; aunque cierta presión permanecerá.

Que a uno le apoyen sus padres en la aceptación de su homosexualidad, no es suficiente para aplacar ese temor que nace del instinto que nos incita a agruparnos para facilitar nuestra vida como seres humanos y también nos incita a buscar el afecto como modo de generar vínculos entre nosotros. Buscamos vínculos en nuestro entorno estudiantil, lugar donde hacemos los primeros amigos, en nuestro entorno profesional o laboral, entre nuestros vecinos etc.; pues es a través de estos vínculos como vamos a poder desarrollarnos como personas, como seres sociales que somos. Es al socializarnos cuando vamos a lograr alcanzar nuestra plenitud como seres humanos; y es cooperando con la sociedad en la que vivimos dónde vamos a encontrar los recursos que necesitamos para mantenernos, para sobrevivir.

El miedo inicial es instintivo y nace como una voz de alarma ante una situación que puede situarnos en un escenario complicado. Contemplar la posibilidad de que

te dejen al margen pone en marcha el instinto de supervivencia, por lo que de manera inconsciente se teme no
por la posibilidad de perder algún tipo de privilegio, sino
por perder algo tan básico como la propia vida. La auto-
suficiencia total es una utopía.

Al mismo tiempo, no es raro formar parte de entornos
sociales donde la homosexualidad sea reprobada y donde
a los homosexuales se les ridiculice o, como decía en el
prólogo, exista licencia incluso para la agresión física o
verbal. Si a alguien le educan con la consigna de que un
tipo de comportamiento sexual es inapropiado y a quien
lo practica se le debe castigar o apartar ¿cuál puede ser
la reacción emocional cuándo uno descubre en sí mismo
que aquello que repudian las personas que le dan sustento y a las que quiere, forma parte de su naturaleza o
su forma de ser?

Es posible que, como sucede con ese miedo atávico
del que hemos hablado, tampoco se identifique el sentimiento paralizante que nos invade cuando pensamos,
como consecuencia de los mensajes que recibimos de
nuestro entorno, que, al ser homosexual, estamos come-
tiendo alguna falta, que tenemos alguna carencia, alguna
deficiencia, que no somos o no estamos a la altura de los
demás. Al pensar en nuestra homosexualidad es posible
que en ese momento nos consideremos pequeños, nos
oprima nuestro pecho, nos sintamos vulnerables, desprotegidos, sin fuerza, con un dolor tanto físico como emocional.
Estas reacciones son consecuencia del sentimiento de la
vergüenza. El pensamiento que subyace a la vergüenza es

el de sentirse inadecuado: uno llega a creer que no tiene derecho a pertenecer al grupo social en el que desarrolla su existencia o, tal vez no debería existir. (Norberto Levy, *La sabiduría de las emociones*)

La vergüenza es un sentimiento poderoso y complejo. Uno se siente tan mal cuando se avergüenza por pensar que ha cometido algún error o alguna falta, que sólo quiere huir de ese sentimiento que le produce reacciones involuntarias, como el enrojecimiento de la cara, en un caso leve, o una sensación de parálisis, en uno más grave, que incluso le impide moverse o actuar. Uno no quiere profundizar en ello, principalmente porque no sabe realmente lo que le está sucediendo y la sensación de malestar es tan intensa que únicamente quiere que desaparezca. Uno de los mecanismos de defensa que actúa de manera instintiva, o como un automatismo, es el de la evitación. Evitamos abordar el tema de la vergüenza, huimos de él negándonos a abordar la causa de lo que nos produce malestar, debilidad, dolor emocional; es decir, vergüenza.

La clave está en darse cuenta de cuál es el pensamiento que subyace, cual es el pensamiento que provoca esa reacción que nos impide actuar, que nos impide aceptarnos tal y como somos. Si escuchamos el mensaje de que ser homosexual es algo inadecuado, pensaremos que algo está mal en nosotros y en esos momentos nos sentiremos vulnerables, desprotegidos, fracasados como seres humanos. Todas esas sensaciones subyacen al sentimiento de vergüenza. Por esta razón es muy importante desprogramarse, en primer lugar, de todas las afirmaciones que hemos escuchado y se han grabado dentro de nosotros cuando aún no teníamos capacidad para discernir, para discriminar las ideas que nos estaban implantando sólo por el hecho de escucharlas, de exponernos a ellas y aceptarlas como un ordenador acepta las órdenes de su programación.

A no ser que hubiéramos nacido y crecido en un entorno ideal, donde la sabiduría hubiera eliminado los prejuicios que aceptamos, por el solo hecho de exponernos a ellos, tendremos que desmontar dentro de nosotros, a través de nuevos razonamientos, las ideas que pueden llevarnos a creer que tenemos alguna carencia, que somos portadores de algún tipo de tara o error. El primer paso es identificar el sentimiento de vergüenza que experimentamos, ponerle nombre, diciendo para nosotros: "esto es vergüenza y la experimento porque hay algún pensamiento que he aceptado y me hace sentir en falta, pensar que tengo alguna deficiencia y, en último extremo, que no debo existir porque no pertenezco a esta *humanidad perfecta y sin mácula*".

Como ya he manifestado, el hecho de ser homosexual es algo que viene en "el lote", como el color de pelo, la estatura, el cociente intelectual y un sinfín de capacidades y de formas de expresión personal que el individuo se encuentra al ir desarrollando su personalidad y su existencia. No quiero perder el tiempo discutiendo sobre si la orientación sexual es una opción o no lo es. Claramente no lo es, esa es mi convicción, es algo que descubres como descubres tu talento para la pintura o para la música, para la ingeniería o para la medicina. Si no fuera así, cuando mi angustia me atenazaba y me ahogaba, cuando aún no tenía capacidad para autoafirmarme como individuo hubiera elegido no ser como era. Pero no porque considerase que mi orientación sexual fuera inadecuada, sino por la presión que mi entorno ejercía sobre mí mismo, sobre mi personalidad y mi naturaleza; una presión que me angustiaba hasta el punto de que en más de una ocasión creí que mi pecho estallaría fruto del miedo constante en el que vivía y la angustia que se iba acumulando, día a día, amenazando con explotar de un modo impredecible. Un miedo que hasta muchos años después no me pude explicar. El miedo a no "pertenecer" al grupo con el que vivimos permanece dentro de nosotros aun cuando nos convirtamos en individuos autónomos y no dependamos de nadie para sobrevivir. Tomar conciencia de ello es liberador porque entonces puedes racionalizar, conversar como esa parte de ti que, desde lo más profundo de tu psiquismo, cuida de tu supervivencia y consecuentemente le puedes decir que no necesitas ya de su presión, de sus advertencias, porque has crecido como ser humano y te has dado cuenta de que perteneces a la humanidad por derecho propio, sin la necesidad del beneplácito de los demás para ser como eres; y que, si fuera necesario, eres lo suficientemente fuerte como para defenderte, aunque eso no quiere decir que seas capaz de neutralizar cualquier tipo de agresión. En consecuencia, **no debemos exigirnos heroicidades** cuando estamos solos o cuando aún somos jóvenes sin suficiente experiencia sobre la vida y consecuentemente nos encontramos en desventaja no ya sólo argumental, sino en desventaja numérica. Estadísticamente somos un diez por ciento frente a un noventa por ciento restantes.

No puede pedirse a un hombre o mujer que se encuentra, no ya en minoría, sino totalmente solo que salga del armario. Un hombre solo o una mujer, *así tomados de uno en uno*, como decía el poema de José Agustín Goytosolo, *son como polvo, no son nada*. Así pues, antes de dar un paso tan importante debemos encontrarnos con los que son como nosotros, pero no con la intención de formar un ejército o algo por el estilo, si no para darnos cuenta de que somos una parte de la naturaleza y que, como también ya he manifestado, no somos renglones torcidos de Dios, sino una más de las múltiples formas con las que Él escribe. A estas alturas de la historia, gracias al cine, la televisión y sobre todo internet, no creo que, como nos sucedió a muchos de mi generación y otras anteriores, nadie pueda pensar, al descubrir su sexualidad, que es un ser único, que es algo malo que le pasa solamente a él y que hay algún defecto en su interior que le impulsa a desear desaparecer o esperar que alguien le reconstruya, como a mí me sucedió. No obstante, estoy seguro que aún hay muchos hombres y mujeres, en múltiples lugares del mundo, donde no disfrutan de la aparente libertad que se respira hoy en occidente, que sienten esa presión, que sienten esa misma angustia, esa misma desesperanza que no hace tantos años sentíamos aquí por ser como éramos.

A veces pienso que el hombre, como especie, no es tan inteligente como pretende. Es posible que tenga la habilidad de crear artefactos para escudriñar desde la partícula más microscópica, hasta la grandiosidad del universo; de crear ecuaciones complejas o manipular la naturaleza hasta el punto de llegar a crear nuevas especies por ingeniería genética; sin embargo me planteo que nuestra inteligencia es una inteligencia parcial, no está completa, pues después de tantos siglos viviendo sobre la Tierra aún no hemos sido capaces de encontrar la fórmula para que no existan las guerras, nadie tenga que sufrir por hambre y sobre todo, nadie sea discriminado por mostrar la diferencia con que la vida le ha conformado frente a la generalidad imperante.

Por otra parte, nos engañamos cuando pensamos en nuestra libertad como seres humanos. Habría que tomar conciencia en primer lugar que no decidimos cuando vamos a nacer, ni en qué tipo de familia, si rica o pobre, si cultivada intelectualmente o ignorante. Tampoco en qué tipo de región o en qué tipo de país, si oriental u occidental, si laico o religioso, si católico o musulmán. Mucho menos decidimos sobre las características de nuestro cuerpo. Todo nos ha sido "dado" por la naturaleza. Incluso la perseverancia y la capacidad de sacrificio no pueden adquirirse si no que van con nosotros. ¿Quién en su sano juicio no querría perseverar en algo o sacrificarse por algo que puede hacerle la vida mucho más fácil? Incluso esa capacidad de discernir lo que parece tan obvio, no puede adquirirse.

Saber que uno es como es, y que actúa totalmente en perfección conforme a la estructura física y mental con la que la naturaleza le ha concebido, contribuye a liberarnos. En lo fundamental uno no se crea a sí mismo, sino que *se descubre a sí mismo* y acaba liberando y sacando a la luz el fruto que guardaba la semilla que le trajo a este mundo.

Aceptarse uno mismo como es, pasa por tomar conciencia, como decía al principio de este apartado, del miedo visceral, y en consecuencia irracional, a que te aparten del grupo, empezando por tu propia familia, y con ello, carezcas de un entorno en el que desarrollarte y vivir. Este miedo inconsciente no hay que subestimarlo ya que es una herramienta heredada que late en el inconsciente colectivo. No hace tanto tiempo ser apartado del grupo, era la muerte segura. Sin embargo, a través de nuestros razonamientos hoy podemos liberarnos de él. Sólo hace falta que tomemos conciencia de su origen ya que, al identificarlo y ponerlo nombre, le podemos quitar fuerza, lo podremos exorcizar. No obstante, tendremos que enfrentarnos a otros miedos de los que tendremos que hablar más adelante.

Otra de las dificultades de la autoaceptación es que una vez admitida tu orientación sexual, debes obrar en consecuencia; es decir, buscar personas con las que relacionarte emocional y físicamente; lo que supone hacerte visible no ya sólo para ti mismo sino, en cierto grado, también para los demás. Con ello te aparecerá la certeza de que todos esos dardos que has visto lanzar contra los que se mostraban abiertamente diferentes, ahora irán hacia ti. Es posible que incluso antes de tomar conciencia de tu orientación sexual tú mismo los hayas lanzado simplemente porque te educaron así, porque así eran las cosas donde naciste, creciste y te educaste. Hay que tener mucho valor para poder mostrarse tal y como uno es. También **hay que medir las fuerzas**. La lealtad ha de ser en primer lugar hacia uno mismo y si ponerse en el centro de la diana va a suponer daños superiores a lo que podemos soportar, deberemos esperar el momento, deberemos adquirir la fuerza suficiente, hacer las alianzas necesarias para poder soportar, con su apoyo, el potencial dolor que nos espera.

Seguro que habrá lugares donde estás últimas palabras parezcan exageradas, pero en otros parecerán livianas en comparación con la presión a la que es sometido el homosexual en el entorno en el que vive.

El dolor del rechazo

Hay que tener en cuenta, que el homosexual, no solo ha de enfrentarse a que, al afirmar su orientación sexual, sea apartado del grupo -lo cual solo de pensarlo te puede hacer temblar en lo más profundo, si aún no has alcanzado cierta madurez y muchos menos eres autosuficiente-, sino también debe de afrontar la herida que produce tanto el sentimiento de vergüenza, del que hemos hablado antes, como el golpe del rechazo en sí; sobre todo cuando viene de tus seres queridos, de los que se supone que deberían protegerte hasta que puedas arreglártelas por ti mismo.

Cuando alguien te rechaza es como si te dieran en un golpe en el alma. Al parecer, se activan las mismas áreas de dolor en el cerebro que cuando te producen una agresión de tipo físico. La diferencia es que el dolor físico se da en la superficie, pero este otro se produce en lo más íntimo de tu ser.

Bajo el temor de ser apartados del grupo, avergonzados por pensar que hay algún tipo de defecto en nosotros, amedrentados por el temor a sentir el dolor que produce el rechazo, no es de extrañar que como poco perdamos nuestra autoestima, como más suframos algún tipo de colapso nervioso o depresión y como punto intermedio nos neguemos a nosotros mismo lo evidente con tal de evitar enfrentarnos a esta galería de sufrimientos.

No caigamos en la trampa de que, porque no nos rechacen abiertamente con palabras, no vamos a notar esa agresión. Los gestos son harto elocuentes y los silencios tan perversos como las puñaladas o las injurias. Aunque nadie te violente con las palabras hay una *agresividad pasiva* quizá mucho más dañina que la corpórea. El daño está en la no acción, quizá cuando necesitas de una palabra de ánimo, de una sonrisa o de un gesto solidario ante tu estado emocional. Incluso es posible que llegues a pensar que todo es culpa tuya, con lo que vuelve a aparecer un nuevo frente con el que lidiar.

El sentimiento de culpabilidad

Uno puede sentirse culpable cuando por acción o por omisión - violencia pasiva-, está en su voluntad causar algún daño o perjuicio a alguien. Si tú pudieras decidir modificar tu orientación sexual y no lo hicieras para hacer daño a tus seres queridos, quizá podríamos hablar de culpa o responsabilidad. Pero cuando uno no decide nada, no es responsable de nada; no se puede ser culpable de algo sobre lo que uno no ha decidido poner en su ser.

Hay muchas moralidades perversas que convierten a las víctimas en verdugos, apelando a principios propios de las épocas más oscuras y pudibundas de nuestra evolución.

Cuando uno se culpabiliza de lo que siente (habitualmente como consecuencia de la falta de conocimiento sobre la naturaleza humana) puede generar con facilidad *formaciones reactivas* como mecanismo para defenderse y aliviar la presión mental que le crean sus impulsos. En este caso el sujeto expresa el deseo opuesto al que tiene por motivos de autocensura. Por ejemplo, podría mostrar una homofobia pronunciada para evitar enfrentarse a la presión social que supondría aceptar su propia homosexualidad. También podría *proyectar* en otros los sentimientos e impulsos propios que le resultan inaceptables. Muchas de estas personas después de haber satisfecho el impulso de un encuentro íntimo o emocional acorde a la naturaleza que se autocensuran, ejercen violencia contra quienes han buscado como parejas ocasionales; así al responsabilizar al otro y además castigarlo, son capaces de calmar la angustia y ansiedad que les genera su propia naturaleza. Una naturaleza que si es aceptada por el individuo conlleva pareja la aceptación del desprecio social que indefectiblemente se ejercerá sobre él. Este tipo de personaje es el más alarmante ya que no sólo se destruye a sí mismo, sino que ejerce violencia hacia los demás. En casi toda la filmografía de denuncia o testimonio, suele haber un personaje de estas características. Un hombre que busca satisfacer sus necesidades íntimas con otro y, cuando ha finalizado su encuentro, presa del pánico que le producen sus propias emociones, golpea o incluso asesina a su compañero accidental. "*Fue culpa suya,* -dirá en su descargo- *fue él quien me engañó y me sugestionó. Quien me impulsó a hacer algo que yo no quería*". Si alguien siente curiosidad, un ejemplo claro y extremo de este tipo de comportamiento aparece en la producción inglesa del año dos mil siete "*Clapham Junction*". Resultará fácil identificar al personaje reactivo.

Estos mecanismos de defensa actúan en todos los seres humanos ante situaciones psicológicas o emocionales que nuestro psiquismo no puede soportar. Y las causas que los ponen en marcha pueden ser de múltiple naturaleza; pero en el caso que estamos tratando suelen tener como base la sensación de culpabilidad. Puesto que el concepto de culpa lleva aparejado un castigo, lo habitual, en quien es homosexual y no puede aceptarlo por la coerción social que eso supone o por convicciones religiosas, es autoimponerse algún tipo de carga, como el desprecio por uno mismo, el convencimiento de ser un individuo indigno o aceptar que posee algún tipo de tara.

El sentimiento de culpabilidad es muy poderoso, consiste en sentirse responsable de algo, sea cierto o no, y como consecuencia de ello infringirse uno mismo un castigo. Suele funcionar a nivel inconsciente e instalarse en nosotros cuando no tenemos plena capacidad para razonar o racionalizar los hechos o circunstancias a los que la vida nos expone. Recuerda que no puedes sentirte culpable o ni por asomo responsable, de lo que, sin tener opción a implementar, vas descubriendo en tu naturaleza emocional.

La necesidad de aprobación

Por otra parte, el ser humano, cuando aún no está formado y aún en edades en que debería estarlo, siente un fuerte deseo de aprobación. Esta aprobación es básica en el seno de la familia cuando uno es un niño, y es consecuencia de la búsqueda de afecto como una necesidad psicológica de primer orden. El niño se va posicionando en su actividad y en sus creencias, dependiendo del estímulo de aprobación que encuentra en sus padres. Cuando no siente que recibe su afecto, cuando no siente su cariño, busca la forma de conseguirlo, renunciando a ser como es con tal de tener el amor, no sólo de sus padres sino también de los demás.

A medida que vas creciendo y te vas fortaleciendo psicológicamente, esa necesidad de aprobación a través de la cual encuentras el amor y la aceptación por parte de los otros disminuye, aunque en palabras de W. Dyer: *"nuestro ambiente cultural refuerza el comportamiento de búsqueda de aprobación como norma de vida"*. Siendo de este modo, la aceptación o no de nuestra orientación

41

sexual, en muchos casos estará supeditada a la aprobación por parte de los demás; con lo que añadimos un elemento más a superar, al coctel de nuestras dificultades, de nuestros hándicaps.

La dificultad para que te acepten los padres

"*Si veo que mi hijo me sale maricón, le echo de casa*". Es una frase que lamentablemente hasta el día de hoy vengo escuchando cuando alguno de los hijos de las personas que conozco manifiesta una sensibilidad afectiva mayor a la del resto de sus hermanos.

¿Por qué un padre o una madre pueden rechazar a un hijo? Sin duda por muchos motivos, pero vamos a analizar el caso de que el hijo sea homosexual y la familia lo rechace por esa causa.

Del mismo modo que nosotros, al descubrir nuestra orientación sexual, tenemos miedo de que nos rechace el grupo y, en un primer momento, podemos ocultarnos para que no suceda así, ellos, nuestros padres, tienen el mismo miedo, pero no por ti sino por ellos mismos. Temen que, al tener un hijo homosexual, les rechace el grupo familiar, laboral o de amigos en el que están socializados. Personalmente no creo que sean conscientes de este miedo. Actúan por impulsos y el primer impulso al descubrir que puede haber *algo* en su familia que permita a los demás avergonzarlos o rechazarlos es sacrificar al elemento *"defectuoso"*, antes de que les sacrifiquen a ellos. Todos los demás argumentos son mecanismos psicológicos de defensa para no afrontar un hecho que realmente es inaceptable: "en caso de peligro prefiero salvarme yo".

El agravante es que ellos son adultos y su responsabilidad para con sus hijos, teóricamente, es la de protegerlos y dedicarse a ellos hasta que alcancen una madurez que les permitan llevar una vida independiente. ¿Pero, qué están haciendo al rechazar a sus hijos? Pues la respuesta es bien sencilla, los inmolan en aras de su tranquilidad y bienestar. Tanto más cuando saben lo que les espera. Probablemente ya se hayan burlado de algún amigo o familiar que haya tenido o tenga un hijo o hija homosexual. Saben que no se pasa bien, saben de las humillaciones en las que quizá ellos mismos ya hayan participado dejándose llevar por "un momento insana diversión" y no quieren recorrer ese mismo camino.

Sé que para ellos tampoco será fácil, pero si tomaran conciencia de que el rechazo y la vergüenza que van a tener que soportar no es ni la décima parte de lo que van a tener que soportar sus hijos, y realmente los quisieran, no obrarían tan a la ligera.

Muchos padres o madres manifiestan sin ningún pudor que preferirían que su hijo muriera antes de que fuera homosexual o que padeciera tal o cual enfermedad. Pero no lo dicen por amor a sus hijos, si no por egoísmo, por un amor hacia sí mismos equivocado. Antes de que socialmente se vean vapuleados, prefieren ellos mismos dilapidar a sus propios hijos; con la remota esperanza de que, al ver que los rechazan con tanta intensidad, el grupo en el que están integrados, no los rechace a ellos.

Otra alternativa es considerar que sus hijos son unos enfermos. El porqué está en la creencia de que sin son enfermos, tal vez exista un modo de hacer desaparecer su "enfermedad" y con ella la presión general a la que inexorablemente se verán sometidos. Incluso en su desconocimiento podrían llegar a sentirse culpables o responsables de haber engendrado un hijo así, o influido en ello con la educación que le han dado; añadiendo un sufrimiento supletorio. Por este motivo es necesario también que aquellas personas que son padres o van a ser padres estén bien informadas sobre este tema y que es una problemática exclusivamente social fruto de las reacciones primarias ante lo diferente o ante las minorías. En mil novecientos noventa, la Organización Mundial de la Salud la eliminó de la lista de enfermedades mentales. Si no existiera una presión social, como no la hay por nacer con el pelo rubio, por ejemplo; no estaríamos hablando sobre este asunto; sin embargo, en algunos lugares de África, nacer albino supone estar estigmatizado, señalado y perseguido cuando no asesinado por sus congéneres, siendo lo habitual el hecho de vivir traumatizados y marginados como consecuencia de la ignorancia, las supersticiones y los prejuicios. ¿A qué me recuerda esto a mí...?

¿Qué hacer con unos padres que te rechazan?

Es algo que al principio no entiendes, en realidad no sabes lo que pasa, únicamente percibes que algo no está bien. Cuando terminas comprendiendo no lo acabas de creer. Yo no me lo creía, pensaba que tenía algún tipo de tara y que era normal que no me quisieran. Claro que en alguna ocasión me dijeron con palabras que me querían, pero el cien por cien de los casos me lo negaban tanto sus acciones como sus gestos. El sesenta y cinco por ciento de nuestra comunicación es no verbal.

Por motivos diferentes al tema que estamos tratando no podía marcharme de casa tan fácilmente. Hasta que no cumplí veinticinco años no pude ser independiente. Cuando lo conseguí, aun sabiendo que en la casa de mis padres no iba a sufrir más que humillaciones, no sé por qué pensaba que tenía la obligación de visitarlos, aunque cuando regresaba a mi propia casa solía tardar unos días en recuperar mi estado de ánimo.

No quería volver a un lugar dónde no sólo no me respetaban, sino que me herían. Después de tanto tiempo, y de tantas y tantas reflexiones, aún me sentía culpable porque deseaba alejarme de ellos. No sé en qué libro leí que hay personas cuya naturaleza es como la del fuego. La naturaleza del fuego es quemar, si acercas tu mano a él, seguro que la quemará y no estará haciendo nada malo sino lo que le dicta su naturaleza. Finalmente concluí que mis padres actuaban conmigo como el fuego y que, si me acercaba a ellos, de nuevo acabarían quemándome. Aunque mitigué mis sentimientos de culpabilidad en aquel momento, tarde mucho tiempo en decidir no volver a pisar por su casa.

Creo que admitir que tus padres no te quieren, es algo terrible. Sobre todo, a las edades en las que empiezas a despertar a la vida. No sabes realmente qué sucede, pero sin duda adviertes que algo *va muy mal*.

En realidad, cuando uno descubre que sus padres le rechazan por ser homosexual, no debería mendigar su amor; debería alejarse y encontrar un lugar donde sí lo quisieran. Pero cómo puedes pedir a un adolescente o a un joven sin recursos lanzarse al mundo, a vagar por las calles sin saber dónde vivir y lo que puede o no puede hacer para mantenerse con vida.

Yo nunca supe lo que hacer, por esa razón soy incapaz de dar ningún consejo. Sólo de adulto me di cuenta que no quería para nada unos padres como aquellos, que menoscabaron mi autoestima, mi amor propio y la confianza en mí mismo. El único consejo que puedo dar, en caso de tener unos padres así, es el de protegerte de ellos impidiendo que puedan herirte, que trabajes en cuanto te sea posible, para ser autosuficiente y poder alejarte de su influencia.

Si no comprenden porque te rechazan, por falta de capacidad para entender los argumentos con los que he iniciado este apartado, es inútil que trates de cambiarlos, ya que se regirán por sus instintos más básicos, que les impedirán cualquier tipo de razonamiento.

¿Para qué quiero unos padres así?

Naturalmente, si tus padres no son del modo en el que he descrito, no necesitarás de defenderte de ellos sino participar de su amor, correspondiendo en la misma medida con sus atenciones y cuidando de ellos del mismo modo que cuidaron o cuidan de ti. Ojalá yo hubiera experimentado lo que es eso.

Y qué hago con mis padres, ¿se lo digo? ¿Les digo que soy homosexual?

Depende de cómo sean tus padres. De lo que confíes en ellos. Aunque ellos puedan imaginarlo, hasta que tú no se lo confirmes, solamente lo supondrán. Yo nunca se lo dije; aunque sé que lo sabían. Para mí hubiera sido mucho peor. En consecuencia, yo no soy quién para decir lo que tienes o no tienes que hacer. Creo que una de las cosas en las que consiste convertirse en adulto está en el hecho de tener que tomar decisiones por uno mismo y, a veces, equivocarnos. Equivocarse es normal, así que por eso no debemos preocuparnos demasiado. Y cómo he dicho anteriormente la fidelidad principal está hacia nosotros mismos, hacia nuestra conciencia personal.

Personalmente, no creo en los sacrificios aislados por ningún tipo de causa. Si sabes que tus padres te van a condenar o rechazar, espera al menos a ser fuerte mentalmente o a tener los apoyos suficientes para no quedarte tirado en la calle, si no puedes soportar su presión.

Mi consejo es que, si vas a decírselo a tus padres, no te encuentres en ese momento socialmente solo. Estate en contacto con algún amigo de verdad o contacta con la alguna asociación que pueda orientarte en cuanto a cómo superar las reacciones imprevistas que irremediablemente se producirán, por muy liberales que tus padres te parezcan. Hay quienes piensan que no es algo que se deba decir con palabras, que uno debe limitarse a ser como es y que tus actuaciones serán las que convertirán en evidencia lo que seguramente ya es casi una certeza.

Por otra parte, el hecho de ser padre no es garantía de nada para con los hijos. Habrá buenos padres en las buenas personas, malos padres en las malas y, entre medio de esos dos extremos, una enorme escala de grises. Además, la creencia de que la madre te va a entender mejor debido a su sensibilidad por ser mujer, es un tópico como muchos otros. Su reacción puede ser tan agresiva psicológicamente como lo pueda ser la del padre. Es posible que lo sepa mucho antes que tu padre, pero eso no hará que lo acepte por el solo hecho de que seas su hijo. En consecuencia, deberás forzarte a ser adulto y tomar tu propia decisión.

La dificultad en la aceptación por parte de los demás

El porqué los otros, los que no son miembros de tu familia, tienen dificultades para aceptarte es por la misma razón que pueden tener tus familiares, porque temen que les aparten del grupo a ellos también o que les señalen, si te acogen. Aquí funciona un poco como el chiste:

"Un amigo le dice a otro: Figúrate que ayer cuando regresaba a casa, escuché un murmullo, como si alguien estuviera peleando, con mucho cuidado me asomé a través de los arbustos y efectivamente, dos tipos le estaban dando una mano de golpes a otro. Yo me puse a pensar: ¿Qué hago, me meto o no me meto? Y así estuve como tres o cuatro minutos. El otro le interpela: ¿Bueno, y qué hiciste? El otro contesta: Al final decidí meterme, y entre los tres le dimos una paliza tremenda a ese tipo."

Apenas tengo recuerdos de mis días de instituto. Siempre estaba solo. Pensando a todas horas en lo que terrible que era lo que sentía y temeroso de los demás. Aprendí a estar callado porque parecía que era, cuando comenzaba a hablar, que sonaba una especie de silbato que abría la veda para la risa, el desprecio o el insulto. No recuerdo que edad tendría, pero no más de catorce, a lo sumo quince años. Por aquellas fechas ya pensaba en quitarme la vida porque la vida que tenía era una tortura. No recuerdo haber tenido amigos en aquella época, apenas hablaba con mis hermanos y sentía miedo incluso de mis propios padres.

Uno piensa erróneamente que por el hecho de que un hombre o una mujer sean jóvenes, simplemente por eso, van a tener un planteamiento vital más abierto y tolerante que los adultos; sin embargo, porque somos prolongaciones de nuestros padres, arrastramos con ellos sus propios prejuicios, hasta que somos capaces de tener ideas propias; si es que las llegamos a tener, pues es un hecho que resulta raro, sobre todo porque uno quiere pertenecer por instinto a su clan, y serán pocos los que sean capaces de poner en peligro esa situación pensando por su cuenta.

Yo mismo pensaba que ser homosexual era algo malo, porque era lo que me transmitían mis padres, quienes se burlaban de uno de nuestros vecinos por su amaneramiento, mientras me miraban con desprecio y sin ningún pudor. Recuerdo en una ocasión, que corrí contento hacia mi padre, que en ese momento estaba sentado viendo la televisión, a contarle algo que me había sucedido. Aun estando mi padre sentado, y yo de pie frente a él, mi cabeza apenas le llegaba a la altura del pecho. ¿Qué edad podría tener yo? De pronto, antes de que terminara lo que quería decir, me pegó una bofetada gritando que no hablara "así". Ha pasado casi mi vida entera y aún recuerdo mi sorpresa, mi desconcierto, mi vergüenza; el cómo me marche llorando al otro extremo de la habitación preguntando en voz alta: Hablar… pero, ¿cómo? Todos se rieron. Al parecer todos sabían cómo se debía hablar menos yo. Yo quería complacer a mi padre, pero me resultaba imposible comprender a qué se estaba refiriendo.

No tenía conciencia de mi amaneramiento. Cuando al ir al instituto, empecé a asociar la burla con mi forma de hablar, empecé a entender que era mejor permanecer callado. Si yo mismo pensaba que en mí existía algo malo, ¿cómo no lo iban a pensar los demás? Yo creía y asumía lo que veía en mis padres haciéndolo mío; el resto del mundo reacciona igual, salvo casos realmente excepcionales.

En familias homófobas, existirán hijos homófobos porque, inevitablemente, eso es lo que aprenderán. Como consecuencia de ello, te rechazarán y muchos no se acercarán a ti, para que no les rechacen o se burlen de ellos; para que no hagan con ellos, lo que los demás hacen contigo.

Es difícil enfrentarse al exterior, cuando tienes en tu propia casa al mismo enemigo. Por desgracia te diré que no existen fórmulas para soportar este tipo de situaciones. ¿A quién puedes acudir? Realmente no lo sé. Lo que sí sé es que la misión de un niño o un adolescente no es la de enfrentarse al mundo y luchar por sus derechos. Eso son cosas de adultos. Y cuando lo seas, en la medida de tus fuerzas y posibilidades, deberás luchar, para que las generaciones futuras tomen conciencia de este drama y le pongan remedio si es que saben y pueden hacerlo.

Afortunadamente en occidente ha habido un gran avance en este sentido y una apertura en la escuela o el instituto, como consecuencia de una evolución en la forma de pensar de los adultos sobre la orientación sexual. De cualquier modo, las noticias no dejan de sorprendernos, con casos que nos devuelven, a épocas que quisiéramos olvidar. El hecho de que hayamos superado este problema en nuestro entorno, no quiere decir que se hayan erradicado ni medianamente las conductas de antaño, que permanecerán latentes en los grupos de radicales que esperan su oportunidad. Por lo que bajar la guardia y decir que el mundo ha cambiado, complacidos en logros que se han alcanzado con respecto a la comunidad homosexual, sería un error.

Estrategias de supervivencia

La verdad no es un bien absoluto. No podemos ir mostrando nuestro carnet de identidad a cualquier desaprensivo que nos lo solicite. Por otra parte, la vida no premia la debilidad; en la naturaleza los débiles no sobreviven. Además, ninguno debería emprender una batalla sin contar con las fuerzas, estrategias o aliados necesarios como para, al menos, no perder antes de disparar su primer *cartucho*. Es cierto que habrá que ir a la guerra sabiendo que perderemos de antemano las primeras escaramuzas; pero la vida está para disfrutarla y no podemos pasar todo el tiempo tratando de abrir los ojos al mundo, mientras pasa desapercibido el paisaje para nosotros.

Gracias a Internet las noticias sobre la comunidad homosexual no quedan silenciadas o pasan inadvertidas para la opinión pública. Lo que más me hiere es leer o escuchar como algunos adolescentes acaban suicidándose porque su visibilidad les deja desprotegidos ante la jauría humana a la que deben enfrentarse en lugares donde ser honesto con nuestra orientación sexual es estar condenado cuanto menos al ostracismo. Esta misma mañana leía la noticia de un muchacho mejicano que se suicidó al verse rechazado por su padre. Este es el tipo de padre, que prefiere el sacrificio de su hijo antes de sacrificar su bienestar y de enfrentarse al mundo junto a él.

Como creo haber manifestado, no se puede pedir a un adolescente, ni siquiera a un joven que viva en un lugar sin falta de apoyos, o referentes cercanos, que asuma la batalla de hacerse visible. No lo hacen los hombres maduros, hombres con poder, hombres que podrían aplastar con una palabra a sus potenciales enemigos, como para pedir que alguien que vive un pequeño municipio o en una comunidad cerrada, a medio camino de su juventud, haga tal tipo de heroicidades.

Por supuesto que hay que luchar por hacernos visibles, pero desde un planteamiento inteligente, desde la colectividad. Si bien uno ha de ser fiel a su causa, la primera fidelidad, no me cansaré de repetir, es con uno mismo. En consecuencia, antes de salir al campo de batalla, tenemos que fortalecernos, mirar por nosotros. Así, el primer combate, será en el que derrotaremos a nuestros conflictos más íntimos, en el proceso de asumir nuestra identidad. Comprendiendo la naturaleza de nuestros fantasmas, hallamos la fórmula para suprimirlos. Como dije anteriormente, a menudo es suficiente con nombrar la emoción que percibimos, para que pierda su fuerza y nos permita mantenernos tranquilos y así pensar con lucidez. Identificando nuestras emociones, calmamos a nuestra mente. Sólo mostrándonos tranquilos y seguros de nosotros mismos los demás nos tratarán con tranquilidad y se sentirán seguros con nosotros. Es una retroalimentación o feedback que resulta muy fácil constatar.

Si acaso acudimos a un profesional de la psicología o psiquiatría, buscando la forma de aplacar la tensión que nos provocan las coerciones sociales; debemos pensar que no porque tenga el título que le capacite para ejercer su profesión, va a conectar con nosotros. Me gustaría decir que resulta espantoso escuchar, a más de uno de esos terapeutas, que los homosexuales tenemos más conflictos psicológicos que los heterosexuales. Se supone, por lo que se desprende de sus palabras, que esos conflictos son consecuencia de la homosexualidad. ¿Pero cómo no vamos a tener conflictos emocionales cuando nos hacen sentir que nacemos con alguna falta, cuando nos rechazan nuestros propios padres, nuestros compañeros de trabajo o cuando escuchamos que en tal o cual país a los que son como nosotros los condenan, no ya a penas de prisión sino a la pena de muerte? ¡Lo anormal es mantener el equilibrio ante un panorama de este tipo! No estoy en contra de buscar apoyo y consejo en un profesional de la salud mental si no tenemos a nadie que pueda aconsejarnos en los conflictos que se derivan de nuestra orientación sexual, pero si no conectamos con el profesional, mi consejo es que busquemos otro que nos entienda. Es fácil saber si conectamos o no. En el caso de que la consulta con tal o cual especialista, nos haga sentir bien, nos proporcione paz, es que hemos conectado; si cuando salimos de su consulta nos sentimos peor que cuando entramos o nos altera, no conectamos con su actuación.

Me sentía tan perdido al principio de mi batalla personal, que aceptaba el hecho de que, al salir de la consulta de un psiquiatra, me sintiera peor de lo que había entrado y su pretendida terapia, me hiciera más daño del que ya llevaba encima. Pero como estaba acostumbrado a no sentirme bien, pensé durante un tiempo que era culpa mía. Sólo cuando cambié de médico y vi que sus palabras no solo me consolaban, sino que iban sanando poco a poco mi alma, me di cuenta que no es fácil encontrar, de buenas a primeras, a alguien que te ayude ni siquiera pagando importantes cantidades de dinero. Por lo que a menudo, tendremos que contar con llamar a más de una puerta, si queremos resolver cualquier tipo de problema y no podemos por nosotros mismos.

Llegará un día, o tal vez ya ha llegado para ti, en el que te sentirás tranquilo, tanto con tu orientación sexual como con los diferentes retos a los que tu vida te vaya enfrentando. Una vez que te hayas aceptado, como consecuencia de haber eliminado los grandes temores que te paralizaban, una vez que hayas descubierto que en esencia eres tan perfecto como cualquier otro ser de los que pueble este planeta, si hay alguien que no te acepta, entonces el problema lo tiene él.

No obstante, no puedo transmitirte el mensaje de que a partir de ese momento todo irá bien. Habrá muchos que sigan hostigándote, si no personalmente a través de las proclamas de las ideologías más reaccionarias y te seguirán hiriendo con absurdas teorías que socaven tu integridad, como cuando dudan de tus capacidades para ser padre con argumentos espurios, o no quieren equiparar tu unión emocional a la suyas. Tendrás que acostumbrarte a que ninguna guerra puede ganarse completamente. Lo único que debe preocuparte es tu propia sinceridad. La sinceridad que te debes a ti mismo. No obstante, ni siquiera los heterosexuales lo tienen tan fácil como uno pueda creer.

Muéstrate seguro ante los demás. No es una tarea fácil, pero tiene su truco. Creo que nadie está seguro al cien por cien de nada en esta vida, ni siquiera de sí mismo; lo que sucede es que uno aprende a poner esa pose y, aunque no lo creas, por sí misma, te hace desprender seguridad. Aparta de tu vida todo victimismo porque lo único que hace es debilitarte. Eso no quiere decir que, en tu casa, en tu soledad o frente a alguien que realmente te quiera, puedas desahogarte si es que sintieras esa necesidad. Pero puedo asegurarte que no es el camino.

Valentín Martínez Carbajo

El miedo a los primeros pasos

Una vez que nos hemos aceptado, es algo frecuente y natural sentir miedo a contactar con alguien como nosotros, a acudir a lugares de ambiente, a socializar con tus nuevos amigos con normalidad. El hecho de aceptar nuestra orientación sexual no hace que perdamos el miedo a que nos hieran los demás ya que esto no va a evitar que haya gente que siga pensando que no deberíamos ser como somos o estar cerca de ellos, como consecuencia de su ideología, sus propios miedos o sus prejuicios.

No obstante, hay un miedo que siempre surge, seas como seas, cuando te enfrentas por primera vez a una nueva situación. A menudo, ese miedo, que suele ser un miedo indefinido, nos impide dar los pasos que pretendemos y pensamos que, si dejamos pasar el tiempo, tal vez desaparezca y entonces será nuestra oportunidad.

Por otra parte, cuando por primera vez acudes a un lugar donde puedes socializar con las personas que son igual que tú, existe, unido al miedo natural, que produce enfrentarse a una nueva situación, la sensación que una vez que des ese paso, te pondrás abiertamente en la diana de todos los dardos envenenados, de los que antes, cuando aún no eras tan visible, te encontrabas totalmente a salvo.

Me resultaba desesperante cuando manifestaba mi temor por algún tipo de situación a la que debía enfrentarme y la única respuesta que recibía es "no tengas miedo", "no tienes por qué tenerlo" o "ya se te pasará". Durante mucho tiempo investigué sobre la naturaleza del miedo, pero no conseguía explicarme el hecho de que apareciera en situaciones que aparentemente no representaban ningún peligro físico real. Sí, el miedo es necesario, es un mecanismo de defensa que nos alerta sobre posibles peligros, es útil cuando vas por alguna zona desconocida y algo te impulsa a detenerte o huir porque tu vida puede correr algún peligro; ¿pero y cuando simplemente no te atreves a coger el coche y conducir, cuando no te atreves a dirigirte a esa persona que te gusta porque la sensación te paraliza o te impulsa a alejarte para dejar de sentir esa especie de "molesta vibración de energía", realmente desagradable, que parece envenenar todo tu cuerpo, que te impide cambiar de trabajo o abandonar a la persona que está haciendo tu vida imposible?

Después de años de búsqueda di con las respuestas gracias al psicoterapeuta argentino Norverto Levy, de quien existe mucha información en internet. Lo que sigue a continuación es lo que elaboré tras encontrar la esencia de este sentimiento en su forma de plantearlo, ponerlo en mis palabras y aplicarlo a mi vida.

Lo que ya sabía por mi propia experiencia es que uno no puede manejar el miedo. No puedes decir a nadie o a ti mismo: "no tengas miedo", porque no depende de ti. Es un mecanismo autónomo que nos pone en alerta, independientemente de que lo queramos o no. Otro error muy frecuente que cometía, como apunté al principio de este apartado, era pensar que, si dejaba transcurrir el tiempo, o conseguía reunir las fuerzas suficientes, el temor o miedo no aparecería, o lo podría combatir hasta hacerlo desaparecer con pensamientos asertivos o positivos. Al tratar de aplicar la primera estrategia me di cuenta que el temor, ante una circunstancia intimidante determinada, no desaparecía por el paso del tiempo. Aunque dejara transcurrir un año, de nuevo iba a aparecer la sensación que me paralizaba y me impedía enfrentarme al reto que había aplazado y pretendía alcanzar. Por otra parte, encontrar fuerzas suficientes mediante la estimulación de pensamientos positivos, a veces me ayudaba a dar algún paso, pero cuando debía actuar lo hacía de forma caótica porque eso que llamamos miedo es una fuerza tan poderosa que desequilibra al organismo con sus baños de adrenalina, noradrenalina o cualquier otro "mejunje" de esos que produce nuestro propio cuerpo, para paralizarnos o hacernos reaccionar.

En fin, para empezar a manejar el miedo debemos saber en qué consiste al menos a un nivel mental, debemos ser capaces de explicarnos por qué lo experimentamos, aunque no comprendamos todos sus entresijos.

El miedo es un mecanismo de alerta. Es como una alarma que se pone en marcha dentro de nuestro organismo cuando nos enfrentamos a una situación nueva y **el cerebro evalúa si somos capaces o no de enfrentarnos a ella sin peligro**. El miedo es consecuencia de una *evaluación*. Por ejemplo, si escuchamos un ruido, el cerebro empezará a evaluar si en él existe algún peligro ya no para nuestra supervivencia, puede que tan solo para nuestro bienestar. La alarma es como una "vibración" molesta que pone a nuestro cuerpo en tensión. Si vemos que ese ruido lo produce algún gatito que se coló por azar en nuestra casa, esa alarma, que es el miedo, bajará su intensidad, bajará su vibración y nos permitirá seguir con nuestra vida. Si descubre que ese ruido lo produce, por ejemplo, un animal adulto con capacidad para hacernos daño, hará que esa alarma suene con mayor intensidad, el malestar será mayor y nos hará correr o nos paralizará independientemente de nuestra voluntad.

Cada vez que se nos presente una situación nueva, nuestro cerebro lo evaluará y ese proceso es el que crea ese malestar al que llamamos miedo. En muchos casos, como no tenemos referentes de lo que puede suceder realmente si decidimos realizar un cambio o si decidimos acercarnos a una persona que nos gusta, serán las múltiples e hipotéticas posibilidades hostiles que el cerebro contemplará en su evaluación, las que nos paralizarán. Eso siempre será así.

Lo que descubrí es que la sensación de miedo puede saturarse y desaparecer del modo que lo hace un olor. Si nos exponemos continuamente a un olor, por muy incómodo que nos resulte, y nos aparte del camino que llevamos, acabará por saturar nuestro olfato y podremos continuar. Podemos decir que el miedo también acaba desapareciendo por saturación, si nos exponemos una y otra vez a esa situación que nos incomoda como consecuencia de la evaluación de peligrosidad que autónomamente realiza nuestro cerebro; pero es más lógico pensar que si el miedo "se satura" o desaparece, será porque nuestro cerebro ha concluido su evaluación y ha determinado, después de exponerse a ese nuevo escenario, que debía dejar de activar sus alarmas en nuestro organismo, haciéndonos sentir incómodos, poniéndonos en tensión para huir, en el caso de que fuera necesario.

Saber que cuando sentimos miedo ante una nueva situación se debe a que una parte de nosotros está evaluando el peligro, hace que la sensación de miedo disminuya. Si nos decimos a nosotros mismos, "estoy teniendo miedo porque mi cerebro está evaluando esta situación", podemos comprobar cómo disminuye la presión y el agobio casi desaparece. Digamos que el truco está en que *permitamos a nuestro cerebro evaluar sin interferencia la situación exponiéndonos a ella*, las veces que sea necesario, hasta que este mecanismo autónomo concluya con datos reales, no con las hipótesis que la imaginación le plantea.

En resumidas cuentas, que si uno quiere perder el miedo ante una situación desconocida debe hacer lo mismo que haría con un pestilente olor que le obliga a retroceder en su camino: debe exponerse para que su olfato se sature. Puede que durante un breve espacio de tiempo lo pase mal, pero al final esa sensación olfativa que le amordazaba perderá su fuerza y podrá continuar con su objetivo. Con el miedo hay que hacer lo mismo: debemos exponernos una y otra vez a la situación que nos atenaza, para que nuestro cerebro se convenza de que no existe razón para estar alerta, para que nos dé su beneplácito y nos permita actuar.

Nosotros con nuestra exposición le permitimos que evalúe. "Él" —nuestro cerebro- con su conclusión, nos permitirá actuar. Rechazar el miedo, apartarse de la situación que lo provoca, es no permitir la evaluación, que iniciará su ciclo una y otra vez hasta que lo concluya, por esa razón aplazar no resuelve nada.

Tener miedo al rechazo es algo más complejo porque no se trata de temer algo desconocido, si no de temer al dolor, algo que nuestro ser también repele al margen de nuestra voluntad; por lo que aquí, en la evaluación, se trataría de ver dónde se halla el umbral que soportamos y, evaluado, si nuestro organismo estará dispuesto a padecerlo. "París bien vale una misa", como al parecer dijo Enrique IV de Francia. Tal vez un gran amor, valga exponerse a un poco de dolor. Este ha sido mi secreto: la exposición a una situación que nos atemoriza deshace las mordazas del miedo.

Como añadido debemos tener en cuenta que la intensidad con la que experimentamos el miedo es proporcional a la tolerancia ante la incertidumbre. En occidente, no se fomenta el cultivo de la tolerancia a la incertidumbre.

Aunque intelectualmente aceptemos que prácticamente no existen seguridades y que en cualquier momento las cosas pueden cambiar sin que podamos hacer nada por remediarlo, emocionalmente lo rechazamos. Pensamos que, si seguimos ciertas normas, si nos convertimos en expertos de unas u otras estrategias, el error no existirá en nuestras vidas y todo nos saldrá bien, tal y como prometen multitud de recetas, producto de la buena intención de quienes las desarrollan. La verdad es que nadie está libre de cometer errores, nadie sabe si llegará con vida al día siguiente o si a la vuelta de la esquina no va a tener un resbalón.

Saber que no hay garantías y que por muy bien que hagamos las cosas puede que éstas no salgan como nosotros queremos, paradójicamente, no proporciona una gran libertad. La incertidumbre nos informa de que por muy elaborada que sea nuestra estrategia, no hay nada que nos garantice que todo nos saldrá bien; pero es que del mismo modo nos dice que por muy simple que sea nuestro plan, nada dice que nos vaya a salir mal. En consecuencia, la receta se convierte en una instrucción muy fácil de llevar a la práctica: ¡actúa! Así de simple y sencillo.

La manera de hacernos amigos de la incertidumbre comienza por no huir de ella. Por no huir de la situación que la despierta en nosotros. Debemos aprender a sentir esa incomodidad que supone el hecho de experimentarla permaneciendo al lado de ella, al lado de nosotros mismos. El único modo de conseguir que no nos paralice esa sensación, es habituándonos a ella, observándola, investigando que otras sensaciones produce en nuestro cuerpo. ¿Sentimos calor, quizá sentimos frio? ¿En qué parte de nuestro cuerpo la experimentamos? No huir de la incertidumbre significa tener el valor de mirarla, de conocerla. A fin de cuentas, se halla ahí para protegernos de algo, para informarnos que algo puede que resulte como teníamos pensado; pero eso no quiere decir que nos esté anunciando un desastre.

Cuando nos disponemos a hacer algo que no hemos hecho nunca, las herramientas de las que dispone nuestro cerebro evaluarán la situación, despertando la sensación del miedo, y nos informarán de que incluso tras esa evaluación, el resultado de nuestras acciones todavía será incierto. Solamente actuando podremos desmantelar esos "frenos" que, si bien cumplen la función de cuidar de nuestras vidas, debemos dejarlos atrás, como adultos que abandonan el nido y empiezan a cuidar de sí mismos.

El mundo de la pareja. El absurdo tema de los roles sexuales.

El principal problema al que ha tenido que enfrentarse la pareja homosexual es al de la falta de referentes. Un heterosexual no se cuestiona como ha de ser o como ha de desarrollarse su vida en pareja, ya que tiene el referente desde niño. La invisibilidad de nuestras relaciones añade al conjunto de nuestra problemática el hecho de carecer de un modelo realmente válido en el que fijarnos y poder imitar.

Hoy en día gracias a la literatura o el cine, van apareciendo patrones o esquemas de conducta razonables fuera de los tópicos manidos que tuvimos que sufrir.

Uno de las creencias más extendida es que los homosexuales somos más promiscuos que los heterosexuales y como consecuencia de ello, nuestras parejas no son duraderas. Desde mi punto de vista la promiscuidad sexual no tiene nada que ver con la orientación sexual y ésta se encuentra en la misma medida tanto en unos como en otros.

Pensar que un heterosexual, ya sea hombre mujer, deja de sentirse atraído por otras personas por el hecho de tener un noviazgo o estar casado, es mirar hacia otro lado o pretender hacer pasar ciertas normas morales por la tendencia biológica. Del mismo modo que nosotros tememos a que nos aparten del grupo por ser diferentes a la mayoría, ellos también temen que los aparten, pero por otros motivos, como no cumplir con las convenciones sociales que imperan en su entorno. Si no estuvieran presos de esas cadenas, probablemente sus parejas durarían, en proporción, lo mismo que las formadas por homosexuales.

Hay que tener muy en cuenta, que la atracción que puedan sentir dos personas a permanecer juntas y compartir su intimidad no genera de por sí una pareja, ni mucho menos un matrimonio. Lo que conocemos por matrimonio o unión civil, es una convención entre dos personas a comportarse de un determinado modo, tanto entre ellas como socialmente; no son convenios espontáneos. Uno de esos convenios o acuerdos es la fidelidad.

El absurdo tema de los roles sexuales.

Aún dentro del mundo homosexual, al haber carecido de modelos claros en cuanto al comportamiento entre los miembros de una pareja, existe la torpe asignación de atribuir un papel masculino a quien le gusta penetrar y uno más "femenino" a quien le gusta ser penetrado. Es un problema de referentes. Esta absurda asignación de roles desaparece cuando al ir profundizando en la conducta homosexual te das cuenta de que muchos de los hombres a quienes les gusta ser penetrados son más masculinos o agresivos que quienes les penetran. Hace poco tiempo, una amiga mía lesbiana, al descubrir el comportamiento homosexual de dos mascotas macho que tenía, me dijo: "Fulano" hace de hembrita y "mengano" de machito.

Hemos tenido tan pocos referentes, ha estado tan oculta y malinterpretada la conducta homosexual que tratamos de definir situaciones o asignar roles de manera errónea basándonos en las parejas entre un hombre y una mujer. Cuando le hice ver el despropósito del papel que estaba asignando a sus dos mascotas macho, cayó en la cuenta de que no se lo había planteado y que sin duda tenía que observarlo desde otra perspectiva.

Que te guste ser penetrado depende de la sensibilidad de tus zonas erógenas. Hay gente a quien no le gusta y gente a la que sí; pero eso no significa asumir un papel u otro sino disfrutar de un modo otro con un tu cuerpo masculino, con tu sensibilidad masculina. Lo mismo pienso en cuanto a las mujeres.

Por otra parte, los que se dicen versátiles tiene la fortuna de disfrutar tanto de un modo o de otro, pero nada tiene que ver con su masculinidad sino como ya he dicho, con la sensibilidad mayor o menor de su cuerpo. Finalmente hablar de activos y pasivos es hablar de lo mismo; sin embargo, no hay que confundir el hecho de ser pasivo (término que no me gusta nada y que no se corresponde con la realidad) a que trabajen en darte placer y tú, "como eres pasivo", dejar que el otro se las "apañe" para quedarse satisfecho. Eso no es ser pasivo, eso es ser egoísta.

Si rondas los veinte años te aconsejo que no des muchas vueltas al tema y disfrutes de tus relaciones de acuerdo con tu propia filosofía o, mejor aún, con ninguna. En este asunto, limítate a vivir. Es mejor vivir que pensar. No obstante, tal vez te sirva para más adelante la visión que quiero presentarte a continuación en cuanto a lo que pienso sobre las relaciones.

Eso que llamamos amor

Hace poco comentábamos en una tertulia de amigos que se nos enseña a iniciar las relaciones amorosas, pero nunca a terminarlas; parece darse por sentado que van a ser eternas, pero cuando menos lo esperas un final insospechado te puede asaltar. En realidad, no hace falta enseñar a nadie a enamorase; en primer lugar, porque el amor es un reflejo, es un sentimiento que no nace de nuestra voluntad, si no que se despierta y nos limitamos a experimentarlo. De este modo no existe una fórmula que te permita su manejo o su control.

Yo distinguiría dos emociones diferentes cuando se establece una relación de pareja: el hecho de amar, de estar enamorado y el hecho pasional o el de sentirse atraído sexualmente con fuerza por la persona amada. No es fácil que se den juntos esos dos componentes en igual medida e incluso puede que falte uno de ellos. En cualquier caso, una relación basada en el enamoramiento y la atracción, dura, según la ciencia, un máximo de cuatro años. Más tarde, ese enamoramiento, si entre ambos miembros ha existido una buena relación, se transformará en cariño, se transformará en eso que llamamos "querer". Ese querer es el que sientes por tu madre, por tus hermanos, por tus amigos o incluso por tus mascotas; pero no puede equipararse a ese otro amor.

Existe un gran problema en nuestro idioma ya que utilizamos la palabra amor para varias emociones que realmente son distintas. Así deberíamos distinguir un amor universal, por el cual nos damos y nos entregamos a los demás sin esperar nada a cambio y un amor romántico por el que hacemos el mismo tipo de cosas, pero del que esperamos ser correspondidos por parte de la persona amada; y por último se encuentra ese amor cariño por el que quieres, como decía, a tu familia, a tus amigos e incluso a tus mascotas.

Los enamorados no se dan el uno al otro sin esperar nada a cambio. En realidad, lo esperan todo del otro. Es un amor egoísta; pero así debe ser ese amor. La prueba está en que, si a uno no le corresponden, puede entrar en un estado depresivo o de obsesión enfermiza.

Luego está el matrimonio o la pareja formalizada que aparece cuando, además de sentir amor romántico y atracción, nos comprometemos a una serie de normas, a establecer en nuestra vida un tipo de conducta que va mucho más allá de los impulsos instintivos, es decir, los que se dan por sí mismos, como el amor y la pasión.

El matrimonio o la pareja legalizada suponen un compromiso intelectual. Entre otras cosas supone fidelidad; pero la fidelidad no es un impulso espontaneo. Lo que sin duda es espontaneo suele ser a menudo todo lo contrario. El compromiso no te va a salvar de que otras personas, al margen de lo que determine tu voluntad, te atraigan o despierten sensaciones. Sí está en la voluntad no responder a ellas o alimentarlas, pero me pregunto hasta qué punto puede fiscalizarse uno mismo. Sin duda al principio es muy fácil, pero cuando la fascinación de los primeros años se ha esfumado como consecuencia del fin de los procesos químicos que nos tenían centrados en "nuestro único amor", ¿quién está libre de no sucumbir ante los nuevos estímulos, ante lo que vulgarmente llamamos tentaciones?

Por otra parte, el fin del amor no suele darse en los dos miembros de la pareja al mismo tiempo y cuando sucede en uno de ellos y en el otro aún están fuertes los sentimientos, este otro se pregunta qué es lo que falló, qué es lo que hizo mal o si la otra persona le mintió con respecto a lo que sentía. Casi nunca se admite que simplemente se terminó ese proceso "mágico" que los unía. Sencilla y lamentablemente sucede sólo eso: se termina como se termina una estación o cualquier otro ciclo natural. Según Bert Hellinger, cuando concluye una pareja suele buscarse alguna clase de motivo por el que se haya producido su fin, ya que, si existe, también existe la esperanza de hacer algo, quizá haya algún escollo que aún se pueda superar.

Cuando se rompe una relación es simplemente porque el ciclo ha terminado y el otro, el que aún continúa amando, debe aceptar la situación y superar su duelo. Por desgracia, no puede hacerse mucho más. Una vez más, aunque mentalmente lo comprendemos y admitimos, aceptar que las relaciones amorosas no son permanentes, nos resulta inaceptable emocionalmente y fabulamos con que existe un modo de hacer estas cosas correctamente, y que de esa manera todo sucederá como los cuentos: "Fueron felices y…"

Realmente cuando termina el amor, el cariño o el "querer" permanece. Si ha habido respeto por parte de ambos, ¿cómo vas a dejar de quererte después de haber vivido juntos tanto tiempo? Se quiere a una mascota, ¿cómo no vas a seguir queriendo a tu pareja, aunque irrumpa en tu vida un nuevo amor? En la mayoría de los casos el sufrimiento de quien decide separarse, se enfrenta a esa disyuntiva. Generalmente uno se vuelve loco porque, cuando analiza sus sentimientos, descubre que hay cariño hacia la persona de la que decide separarse. Sin duda que lo hay, pero al examinarlo también descubre que no existe ya ese amor; el amor de los enamorados, el que creó aquella magia que los condujo hacia su unión amorosa.

Sin duda, al terminarse al amor romántico, uno puede decidir continuar con su pareja. Puede tomar todas las decisiones que su voluntad o sus circunstancias le permitan; incluso seguir siendo feliz. No lo cuestiono en absoluto. Pero los sentimientos son mucho más libres que nosotros y a menudo tratamos de hacerlos encajar con las normas morales, que imperan en nuestra sociedad y en nuestro tiempo, o con nuestros propios deseos; siendo ésta una tarea destinada al descalabro o la frustración.

Realmente, a fin de cuentas, lo que verdaderamente importa no es lo que se espera de nosotros o lo que mostramos de nuestra vida ante los demás; si no lo que, en nuestro interior, sinceramente sentimos y ante nuestra alma nos atrevemos a admitir, a veces en el peor de los momentos, o ante las circunstancias más inoportunas.

Y como conclusión, decir que el amor de tu vida, no tiene porqué ser aquel con quien pasaste más años, si no el que permanece en el recuerdo, aún en el instante de tu último aliento.

El matrimonio homosexual

En mil novecientos sesenta y siete se estrenó la película *Adivina quién viene a cenar*, del director Stanley Kramer. Se trataba de una crítica social sobre los prejuicios raciales que existían en la sociedad americana de aquella época. Un joven médico de raza negra desea casarse con una joven blanca de una familia adinerada. A pesar de ser personas con ideas liberales, la familia de la novia se siente muy confundida. Igual sucede con la del novio, incluso más rígida en su postura. Como conclusión a un magnifico argumento, donde sopesan los pros y los contras que supone esa unión, y el sufrimiento que les pueden ocasionar, destaca sobremanera el brillante discurso final, que después de casi cincuenta años aún tiene vigencia para quienes quieren formalizar una relación y los prejuicios sociales van en su contra.

"En cuanto a los problemas con qué vais a enfrentaros son poco menos que inimaginables…

Pero os consta, estoy seguro, a lo que os exponéis. Habrá un millón de personas aquí en nuestro país que se asombrarán, se ofenderán y horrorizarán ante vuestra unión y tendréis que afrontar esas consecuencias tal vez durante el resto de vuestra vida. Pero debéis ignorar a esos pobres diablos, o compadecerlos porque son esclavos de sus prejuicios, fanatismos, ciegos odios y estúpidos miedos. Y cuando llegue el caso debéis uniros el uno al otro estrechamente desafiando a esos mentecatos. Cualquiera podría poner un montón de objeciones en contra de vuestro matrimonio, pero la réplica es tan sencilla, que no se atreverán a ponerlas: Sois dos seres maravillosos que os habéis enamorado y que en definitiva tenéis un simple problema de pigmentación... en tales circunstancias no importa lo que diga cualquier bastardo contra la celebración de esa boda, solo habría una cosa peor; y únicamente sería que, sabiendo como sois, sabiendo como pensáis y sabiendo como os queréis, no se celebrara."

No creo que pudiera haber mejor defensa que este alegato, ante quienes, en muchas partes del mundo, se oponen a este tipo de unión y a que se llame matrimonio. Es como cuando las mujeres luchaban por tener voto y una gran mayoría de personas decían que no se podía llamar así, fundando su argumento en que no eran iguales a ellos y que, para colmo, su voto no podía tener igual valor.

La lucha por la igualdad de derechos entre los hombres, continúa vigente en todas las partes del mundo. Frente a la lógica del sentido común, se mantienen los instintos primarios, fruto de una lenta evolución de nuestra especie, con un final incierto y con probables involuciones intermedias. Si no se legislara positivamente para las minorías, enfrentándose a la legión que desea unos derechos sociales con exclusividad, no habría forma de avanzar en este camino. Por muy democráticas que fueran las sociedades, el número de representantes políticos que podríamos obtener, nos dejaría indefinidamente en desventaja.

Desde la Ley de Vagos y Maleantes, que condenaba la homosexualidad en España, a la Ley del Matrimonio Homosexual, ha habido una larga y ardua tarea, en la lucha por nuestros derechos, donde muchos han padecido lo inexplicable. Pero no nos engañemos, es muy probable que esa normalidad que facilita esta ley no se refleje totalmente en la sociedad hasta pasadas algunas generaciones (repito: si no hay una involución). La gente sigue burlándose de dos hombres o dos mujeres cuando caminan de la mano por la calle, se le sigue echando de los locales de ocio como apestados o se boicotean desde los poderes públicos los logros alcanzados incumpliendo impunemente la ley, bajo el subterfugio de la objeción de conciencia. Si acaso esta ley les privara a ellos de algo, ¡lo entendería! Pero de lo único que les despoja es de la exclusividad. Hoy leía una noticia en Facebook en la que se decía que una diputada republicana del Minnesota lloraba y decía que se le partía el corazón porque se había aprobado la ley de matrimonio entre personas del mismo sexo en su estado. Al parecer forma parte de una iglesia evangélica cristiana no confesional. Me pregunto, qué tipo de personas gobiernan en el mundo y qué tipo de ideario religioso practican. *"Amaos los unos a los otros"* dice Jesús; *¡Ah, pero entre vosotros* **NO***!* Nos dicen a los homosexuales, quienes pretenden custodiar su mensaje de salvación.

Por otra parte, la sociedad civil, no vinculada directamente con una confesión religiosa determinada, tampoco hace gala de mucha cordura. En estos meses en los que en Francia se ha debatido la ley de matrimonio homosexual, han salido a la calle en tropel no sólo gritando porque no quieren compartir el nombre de una unión legal con nosotros, sino que, además, han acrecentado la violencia homófoba, ocasionando una brutal paliza a una pareja gay en Paris, extendiéndose con esta acción la violencia a otras provincias. Y eso en el país de *la libertad, la igualdad* y *la fraternidad.* Y para colmo en la *ciudad del amor. ¿¡Del amor!?* ¿Qué no nos esperará en otros lugares de la Tierra?

Qué nadie piense que este tipo de oposición solamente es propio de sectores radicales de la sociedad y que con la aprobación de estas leyes se ha terminado con la opresión. Seguramente ahora se hará más evidente, cuando muchas parejas traten de ejercitar sus derechos, que los otros, los que no los quieran compartir, saquen su lado más oscuro y violento.

No quiero que estos pensamientos sirvan para alimentar el odio hacia quienes no son como nosotros; si no para que tomemos conciencia de que no estamos más que empezando en la gran obra de la normalización de una orientación y una conducta humana que, aun habiendo estado presente desde el principio de la historia del hombre, de la que formamos parte, ha sido ocultada o estigmatizada por ideologías oscurantistas, que nada tienen que ver con la humanidad o el sentido común y sí con un estadio de evolución social e intelectual aún demasiado primario; fruto de una sociedad inmadura que aún necesita o desea ser tutelada, en su mayor parte, por mensajes mesiánicos. Imagino que porque resulta más cómodo y menos problemático que pensar por uno mismo.

Aunque más tarde me gustaría abordar el tema de la *lucha*, en cuanto a la normalización del colectivo, me gustaría adelantar que esta contienda no vamos a ganarla por la fuerza, pues somos tan inferiores en número que resultaría no solamente impensable sino también de una soberana y atroz estupidez. La batalla de la normalización pasa porque cada homosexual o lesbiana, se encuentre en primer lugar a sí mismo como persona; que consolide su autoestima y equilibrio personal, que se crea, como he manifestado al principio, perfecto, sin ningún tipo de tara o defecto que le hayan podido inculcar. La batalla de la normalización la ganaremos juntos, como colectivo capaz de alzar nuestra voz calmada entre un grupo de personas que por su magnitud silenciaría nuestros gritos tan solo con el sonido de su respiración. Lo más lamentable es que no luchamos por quitarle nada a nadie, sino simplemente por el hecho de existir. Si a alguno le parece melodramática esta última frase, es que no es consciente de la magnitud del problema o vive en un entorno amable y protegido. Me alegro por él o por ella.

En cuanto a la adopción

Qué alguien deba juzgar o evaluar mis aptitudes para poder querer y cuidar de otro ser humano, resulta cuanto menos humillante y cuanto más pretencioso. Estudios que analizan si un determinado colectivo es apto o no para ejercer la paternidad, abundan por doquier con la excusa de justificar o no el hecho de que un homosexual o una lesbiana sean o no sean aptos para educar a un hijo. No debería importarnos lo que digan esos estudios puesto que siempre van a ser interesados, van a responder a la opinión de quien los encarguen y sobre todo de quienes los paguen. Ni siquiera deberíamos hacer caso a los que nos resulten favorables.

Si aun siendo homosexual tengo un hijo natural en solitario, nadie va a cuestionar mi derecho ni mi aptitud para cuidarlo. Si no es natural, si no que lo adopto, se me puede cuestionar. Para colmo no son pocos los homosexuales que se creen que no son capaces o que no deben embarcarse en ese tipo de aventura por la opinión que sobre este asunto tienen los demás. Tener opinión propia no es tarea fácil. Mucho menos lo es individuali-zarse. Cuando te individualizas corres el riesgo de que te maten. Eso le sucedió a Jesús o Martín Lutero King. En palabras del filósofo Sri Aurobindo: *"mientras uno hace el camino con el rebaño, la vida es relativamente fácil, con sus buenos y sus malos momentos, sin demasiada pequeñez, pero tampoco sin mucha grandeza. Mas en cuanto uno quiere apartarse de la caravana, muchas fuer-zas surgen, vivamente interesadas en que procedamos "como todo el mundo"; entonces se descubre hasta qué punto se halla bien organizada la prisión".*

Cuando alguien necesita o permite que otro le evalúe en cuanto a sus capacidades para comportarse, actuar o ejercer como ser humano, está renunciando a su indivi-dualidad, a su libertad y su dignidad.

Por otra parte, estamos en un mundo que busca garantías sobre algo que no se puede prever y mucho menos garantizar, como se hace con una lavadora. Las relaciones humanas son demasiado complejas como para que las determine un test, una batería de test o un estudio sociológico. Las emociones no se rigen por nor-mas estadísticas, si es que creemos en la singularidad del ser. Si realmente pudiera medirse la capacidad o la aptitud para ser madre o padre entre los heterosexuales, estoy totalmente convencido de que serían muy pocos los que superarían la barrera del muy deficiente. Porque ser padre es algo que se va aprendiendo a lo largo de la vida junto a los hijos, y porque no tiene nada que ver con la orientación sexual. La sexualidad es una parte privada e íntima que únicamente forma parte de la relación entre dos personas. Ese tipo de intimidad no se comparte con los hijos. Lo único que un hijo necesita es sentirse querido por los padres, sean un hombre y una mujer, dos hombres o dos mujeres. Un hijo necesita de protección, de seguridad, de calor humano y enseñanza para que el mundo que él contribuya a cocrear, cuando sea adulto, no esté basado en el rechazo o la discriminación de ningún tipo de minoría, entra otras cosas. Los homosexuales, no desprendemos ningún tipo de irradiación gay que haga que quienes están a nuestro lado varíen su orientación. Es más, los homosexuales hemos nacido de parejas heterosexuales. ¿Hay que pensar que han hecho algo mal? ¿Qué nos han impedido tomar de su irradiación heterosexual? ¿O es que su reproducción funcionó de un modo defectuoso?

Todavía hay quien se ampara en que los niños van ser estigmatizados en la escuela, rechazados por los otros niños y qué sé yo cuantas teorías, que, si no son totalmente inciertas, sí son malintencionadas. Eso se decía también de los niños de parejas divorciadas y se esgrimía como razón para no permitir el divorcio. En cualquier caso, la responsabilidad, no está en esos niños, que previsiblemente rechazarán a estos otros, sino en unos padres que, sin necesidad de palabras, sin más instrucción que su ejemplo, se lo transmiten e inculcan. Si realmente te importara el mundo de la infancia, te preocuparías de impedir que a cualquier niño se le discriminara, independientemente de quienes fueran sus padres, educando a los tuyos en la comprensión de que el mundo es un lugar plural y que nadie es mejor ni peor por el hecho de vivir su amor de un modo diferente al tuyo.

La homofobia. Los movimientos contrarios al matrimonio homosexual

En el momento de redactar este apartado existen en muchos países leyes que no sólo defienden la diversidad sexual, sino que poco a poco van equiparando en cuanto a derechos y deberes a las parejas homosexuales y las heterosexuales. Al mismo tiempo vemos salir de armario a quienes se oponen radicalmente tanto al derecho a contraer matrimonio entre parejas del mismo sexo y al derecho de adopción, como al simple hecho de que nuestra colectividad sea visible y manifieste su afectividad en los espacios públicos. Para colmo, algunos países aún siguen castigando a los seres humanos por ser diferentes, bajo argumentos absurdos, y castigando con la pena de muerte a quien muestre su diferente orientación sexual respecto de la gran mayoría. En este momento, en Rusia, existe una Ley contra la propaganda homosexual, por la que se castiga el hecho de hablar sobre nuestra orientación afectiva, nuestros problemas y nuestras inquietudes; para colmo se alimenta la agresión desde los poderes públicos, al permitir palizas atroces a quienes se atreven a cuestionarlo o simplemente viven o tratan de vivir su vida con la normalidad que en este momento se goza en gran parte de occidente.

El mensaje que quiero transmitir es el de que, si bien debemos estar alerta contra todos estos tipos de conducta reaccionaria, no se trata de la aparición de una conducta nueva, sino que del mismo modo que nosotros hemos salido a la luz, han salido también ellos, haciendo tanto o más ruido que nosotros, amparados por la fuerza de la costumbre que habitualmente gobierna a los grupos más conservadores de cualquier sociedad.

La guerra que hoy se libra abiertamente entre los que están dispuestos a respetar el espacio de quien es sexualmente diferente de la gran mayoría y los que desean que todo siga igual, es una guerra que existía de modo soterrado y que ante las pequeñas, o quizá grandes batallas, que ha ganado nuestro colectivo contraatacan con sus escaramuzas por recuperar la oscuridad en territorios que por la cerrazón y la pereza de su mentalidad no son capaces de observar con una conciencia abierta, inteligente y luminosa.

Por otra parte, no podemos culpar a los otros, a los demás, a los que se oponen a nuestra presencia pública, como únicos culpables. La discriminación no se da solamente hacia nuestro colectivo. Nosotros mismos, discriminamos a quien es diferente a nosotros. Los gais masculinos discriminan a los gais afeminados; las lesbianas femeninas a las que muestran una femineidad más ruda.

Se discrimina a los transexuales entre miembros de la comunidad homosexual y así podríamos seguir enlazando unas colectividades con otras.

No discriminar a quienes no son o se comportan como nosotros, no significa que tengamos que ir de su mano, sino que debemos respetar su espacio, del mismo modo que nosotros exigimos que respeten el nuestro. Y respetar el espacio de los demás significa algo más que no decir nada, apartar o no agredir abiertamente. Respetar es un ejercicio de comprensión, que nace cuando expandimos nuestra conciencia y nos damos cuenta que realmente todos merecemos una vida mejor, todos sin excepción.

Cuando rechazamos a alguien abiertamente, estamos alimentando la energía del rechazo, lanzamos al mundo la idea de que podemos rechazar, apartar, aniquilar lo que no forma parte de nuestro ideario o nuestro ideal de sociedad. Tenemos que entender que respetar el espacio de quien vive de modo diferente a nosotros no significa que debamos acogerlo en nuestra casa o ir en su compañía, sino aceptar que tiene derecho a manifestar su singularidad sin nuestra oposición mental, aceptando que tiene nuestro mismo rango vital.

Creer que formar parte del colectivo homosexual nos libra de discriminar a otros, del mismo modo que la gran mayoría hace con nosotros, es tener un campo de mira demasiado cómodo o poco trabajado. Si trabajamos sobre nuestra tendencia a discriminar estaremos contribuyendo a cambiar un comportamiento social tan pernicioso que llevó al exterminio de gran parte del pueblo judío durante la segunda guerra mundial. Para ello no es necesario que hagamos grandes esfuerzos, simplemente tenemos que observarnos y si nos vemos cayendo en la trampa de discriminar a otros, tomaremos conciencia de ello. Ese hecho tan simple hará que, si realmente somos seres solidarios, nuestra propia mente se autocorrija. Apartando la discriminación de nuestra vida, estamos contribuyendo a que no nos discriminen a nosotros, estamos trabajando a nuestro favor. Es importante también asumir nuestra responsabilidad y hacer nuestro particular examen de conciencia.

La religión y la espiritualidad

La espiritualidad es algo consustancial al hombre, es como si estuviera programado para buscar lo que es más grande que él, más grande que el mundo que habita; para preguntarse por el sentido de la vida y en ese camino encontrarse con que, parafraseando a Shakespeare, "entre la tierra y el cielo, hay muchas más cosas de las que ha soñado su filosofía". En esta búsqueda el hombre descubre grandes verdades que conectan con su corazón y que adopta como normas de vida. Para custodiar estas verdades perennes, a menudo se las sistematiza en conjuntos de normas y reglamentos que llamamos religiones. Lo que sucede con estas verdades es que hay grupos de personas que se les apropian, las acotan y dotan de estructuras tan rígidas que, en vez de expandir el espíritu, le van ahogando, poco a poco, desvirtuando el mensaje inicial, que incluso queda silenciado entre tanta parafernalia, tanto boato, tanta hipocresía y asfixiante moralina, disfrazada de moralidad.

Con la elección del Papa Francisco, muchos fuimos los que pensábamos que podía darse un verdadero cambio en la iglesia católica. Sin embargo, salvo alguna sorpresa que ya no espero, como suelen hacer todos los nuevos papas, sus proclamas se ha quedado en gestos superficiales que harán que de nuevo desviemos la atención de un lugar que lo es todo menos el custodio del mensaje de Cristo.

Aunque no hubiera habido un Cristo, un Mahoma, Buda o un Krishna, el hombre seguiría siendo llamado desde su interior a la búsqueda de lo trascendente. No importa el siglo en el que estemos o lo avanzados que nos encontremos tecnológicamente, el hombre, de uno u otro modo, buscara a Dios o alguien que responda a ese concepto: Energía Universal, Tao, Brahman etc.

Lo que sucede es que cuando empezamos esa búsqueda es normal seguir los pasos que nos conducen hacia nuestra meta, de la mano de las religiones establecidas, en mi caso del catolicismo, del que pronto me desengañé al comprobar que quienes lo enseñaban, a menudo hacían todo lo contrario de lo que predicaban. Aunque luego regresé al entender que si bien los predicadores, no me resultaban válidos por sus incoherencias, el mensaje de Cristo resonaba en mí con la fuerza suficiente como para abrazarlo.

Los sacerdotes, como en otros tiempos, predican el amor, pero alimentan el rechazo frente a los que consideran no ya distintos sino indignos de ser tratados como los demás hombres. Recientemente, Alemania ha expulsado a un Imán por incitar al odio contra los homosexuales. Pero ya no se trata sólo del rechazo, sino que, con su silencio, mediante una violencia pasiva lacerante, mediante el "pecado" de omisión, alimentan a los grupos que repudian y no tienen ningún reparo en maltratar a quienes tenemos una orientación sexual que, no es que no entre en los planes de Dios, sino que no forma parte de las normas y reglamentos que ellos han creado, cercenando el mayor mandamiento de todos que es el del amor.

Debemos tomar conciencia de que nadie puede privarnos de la religiosidad, ni mucho menos estigmatizarnos, como lo hacen las religiones en las distintas partes del mundo. De nuevo, en otro de los ámbitos sociales debemos luchar por nuestro lugar; y la batalla, en este escenario, no debe ser por la imposición o la fuerza sino por el ejemplo; así la necesidad de unirnos como colectivo, se hace una vez más tanto evidente como necesaria.

Por otra parte, cuestionarse las estructuras en las que se organizan las religiones, no nos hace menos religiosos; simplemente nos hace más autónomos, más coherentes con esa fuerza que existe en nosotros impulsándonos hacia la evolución, como seres individuales primeramente y después como grupo. Si nada se mueve, termina estancándose convirtiéndonos en autómatas que una y otra vez repiten las mismas conductas, fruto de los condicionamientos sociales.

Según el pensador Heckhart Tolle, en respuesta a una pregunta que relacionaba la espiritualidad con orientación sexual, dice que el hecho de ser homosexual puede resultar una ventaja a la hora de comprender que la mayor parte de las creencias, que aceptamos como nuestras, no son más que formas de pensamientos anquilosados que habitualmente no nos cuestionamos y que admitimos como ciertas:

"Según se aproxima a la edad adulta, la incertidumbre respecto a su sexualidad seguida de la comprensión de que usted es "diferente" de los demás puede forzarlo a desidentificarse de los patrones de pensamiento y conducta condicionados socialmente. Esto elevará automáticamente su nivel de conciencia sobre el de la mayoría inconsciente, cuyos miembros aceptan sin cuestionar todos los patrones heredados. En este sentido, ser homosexual puede ser una ayuda". (El poder del ahora)

No obstante, sí bien cada uno tiene derecho a buscar y vivir en su propia fe, habrá quienes quieran vivir en la fe en la que han sido educados y los que la administran se lo impidan, ya no sólo omitiendo su ayuda, si no gritando contra él proclamas de odio. Pues bien, no hay otro camino que buscar a quienes piensan y sienten como nosotros, quieren permanecer en esa fe y, en principio, practicarla juntos al tiempo que damos ejemplo de una caridad y una humanidad más ejemplar que la que predican los que nos rechazan y nunca cumplen.

Claro que esto no debería ser así, deberíamos estar juntos todos los seres humanos, practicando los ritos que nuestro espíritu nos demanda; pero ¿cuántas cosas no deberían ser como son? Eso no quiere decir que renunciemos a nada, que nos consideremos religiosos de segunda fila, o que debamos segregarnos, si no que desde esta postura seamos capaces de expresar y hacer ver a los otros, que el amor, con mayúsculas, no tiene orientación sexual. Quizá, si fuéramos capaces de unirnos en un grupo que, sensibilizado por el estigma de la incomprensión y del rechazo, fomentáramos la aceptación y la verdadera universalidad de los mensajes que sustentan las religiones; serían otros quienes se unirían a nosotros; porque en el fondo yo no creo en la maldad del hombre por naturaleza, si no en la tendencia a la fraternidad, cuando esta no se pervierte con proclamas más propias de épocas medievales que del siglo XXI en el que vivimos.

No hace mucho tiempo asistí a una charla de un hombre que se había dedicado a recorrer el mundo en bicicleta con el dinero mínimo para subsistir. Nos estuvo hablando de todos los países que había recorrido al tiempo que pasaba diapositivas de los lugares que había visitado. Al final de la charla alguien le preguntó qué conclusión había sacado de aquella experiencia y su respuesta, he de decir que me sorprendió. Él dijo: *"pues que el mundo es un lugar amable"*. En general todo el mundo le había ayudado, había compartido sus recursos con él, cuando tuvo alguna necesidad importante y aunque no todo era "Jauja", y evitó pasar por las zonas en las que se advertía que estaban en conflicto, nunca se sintió incómodo en ningún lugar. ¡Quién lo iba decir, con las cosas que escuchamos habitualmente en los informativos o leemos en los periódicos! Se ve que hay unos pocos que generan un gran ruido malintencionado.

¿Y mientras tanto, cuando uno está sólo, cuando no tiene con quien compartir su religiosidad? Pues si es verdaderamente religioso sabrá que no lo está, que Dios siempre está con él y que llegará un tiempo en el que las cosas cambien. Que con su ejemplo silencioso llegará mucho más lejos que con las proclamas de los voceros de un tipo de religión que desune en contraposición a la etimología de su nombre.

Siempre me llamó la atención el hecho de que la Iglesia pusiera su énfasis en el sexto mandamiento. Que casi toda su doctrina se basase en diatribas sobre sexualidad y se ignorase el resto los mandatos divinos o no se diera tanto altavoz a su predicamento. El porqué, después de comprobar cómo funciona el mundo está muy claro: Si realmente predicarán contra los corruptos, contra los que adulteran la vida social y política, contra los que roban a sus ciudadanos con impunidad, si realmente predicaran poniendo el énfasis en los desmanes del poder terreno, este poder terreno les haría desaparecer. En vez de sacrificar su vida, como lo hizo Cristo, por sus convicciones; se han ido convirtiendo en los nuevos fariseos que confabulan sin decoro, a través de su silencio, con su nuevo y terreno Sanedrín.

Como punto final, hacer notar que pareciera que el homosexual estuviera en la obligación de demostrar que su calidad como ser humano es igual a la del conjunto de la sociedad. Si alguien no ve esa obviedad, es decir, el hecho de que sustancialmente no hay nada distinto ¿Cómo se lo vas a explicar? Pues bien, me temo que hay que hacerlo tanto con palabras como con el ejemplo, pero no ya por nosotros, sino por los que vienen detrás, por quienes sin ser nuestros hijos biológicos seguirán siendo *"hijos e hijas de la vida, deseosa de sí misma."* Como expresó Khalil Gibran, el gran poeta libanés. Y por amor a esa Vida que compartimos, debemos velar por su futuro como si nos fueran propios, ya que los logros que alcancemos hoy, serán los derechos que disfruten ellos en el mañana, siendo probablemente, para una gran mayoría, su única heredad.

Valentín Martínez Carbajo

El día del orgullo gay

Nadie diría al ver las manifestaciones multitudinarias del orgullo gay, que el colectivo necesite hacerse más visible, además, algunos dicen que habiendo alcanzado ya derechos tan importantes como pueda ser el matrimonio ¿qué necesidad hay de continuar?

Pues bien, desde mi punto de vista aún será necesario continuar durante mucho tiempo. Que en algunas de las grandes capitales del mundo podamos manifestarnos libremente, uno o dos días al año, no quiere decir que el colectivo del que formamos parte en todo el mundo pueda ni tan siquiera "asomar la patita" como en el cuento. Si no servimos de altavoz para todos los homosexuales que están siendo reprimidos en otras partes del planeta, nuestro silencio estará conspirando con quienes tratan de silenciarles y con ello debilitando de algún modo nuestra voz.

Por otra parte, la pretendida normalidad que se da en las grandes ciudades no deja de ser anecdótica dentro del marco de la amplitud del territorio de cualquier nación. Quizá como en Madrid haya algún barrio en que poder manifestar abiertamente tu afectividad. Pero unos metros más allá, todo sigue como siempre, con licencia para reprimir, reprender o echar fuera de su establecimiento a quien no sea y se comporte como la mayor parte del grupo. Nunca he pretendido hacer de estas notas un cuaderno de denuncias, así pues, quien no crea que suceden estas cosas, hay lugares en internet, que se dedican a constatarlas. Ahí pueden echar un vistazo y confirmarlo.

Es posible que los excesos de las caravanas puedan desmarcar a algún hombre o mujer que no se identifique con los estereotipos que aparecen en primera línea de batalla. Pues bien, quizá muchos de los derechos de los que hoy disfrutamos se los debamos a ellos. A hombres y mujeres que, en aras de su libertad, se mostraron abiertamente diferentes y prefirieron ser golpeados a vivir de rodillas como hacemos la mayoría de nosotros, a pesar de los tiempos que corren. Claro que yo no me he identificado nunca con los excesos, pero son necesarios si uno desea realmente llamar la atención, hacer ver que existe. Es la forma que tienen algunos de contribuir. Otros lo haremos con nuestros escritos, otros con las reivindicaciones a pie de calle o en los parlamentos, y otros ayudando a equilibrar a quienes les produce un desequilibrio emocional el hecho de formar parte de una minoría. Nadie sobra, nadie es mejor o peor. Cada uno debe de contribuir con lo que pueda. Unos con un minuto y otros con toda una vida. Nadie es quien para juzgar ni exigir nada a los demás, tanto más sabiendo que la gran mayoría, fuera de su zona de confort, vive asustada. Dicen que la verdad es un diamante de mil caras y que a cada uno le toca descubrir cuál es la cara que le ha tocado. Dentro de todas las verdades que puedan existir sobre la homosexualidad, esta es la cara de la mía. Sé que es una verdad parcial, pero deseaba compartirla contigo, aunque nada más sea por aportar un punto de luz en un mundo lleno de tenebrismos.

Uno pensaría que cuando en alguna ciudad alguien se aventura abrir alguna asociación para la información y defensa de este colectivo, va a estar llena de gente. Uno cree que el colectivo aplaudirá: ¡al fin un lugar, un espacio dónde no soy diferente! Pues bien, en general, salvo en las grandes ciudades estos lugares están prácticamente vacíos. ¿Por qué? Yo diría que evidentemente es por miedo. ¿Con un día o un par de días de caravana, es suficiente?

Y es que, gracias a quienes se preocupan de crear este tipo de espacios o a los que organizan las caravanas, es a quienes debemos los avances en la legislación y la normalización, de nuestro modo de vida, al menos sobre el papel, el cine y los medios de comunicación o en barrios como el de Chueca. Han sembrado una cosecha que vamos recogiendo poco a poco, incluso los que no hemos *arado la tierra*, por lo que creo que merecen nuestro apoyo, aunque no nos identifiquemos totalmente con las formas.

De cualquier modo, si es difícil poner de acuerdo a una comunidad de vecinos formada por no más de cuarenta personas, ¿qué no dificultades vamos a encontrar cuando a pesar de ser tan sólo el diez por ciento de la población, aún somos millones?

Además, si no tuviéramos bastante con la batería de obstáculos que nos ponen la gran mayoría del grupo heterosexual, están los que siendo homosexuales aceptan las barbaridades que defienden algunos grupos aparentemente minoritarios y se consideran a sí mismos enfermos. Con tal de que no les rechacen, son capaces de rechazar su esencia y en consecuencia su propia identidad. El daño que se hacen a sí mismos no tendría que censurarse, pues cada uno es libre de hacer con su vida lo que quiera, el problema es que, con sus diatribas, acaban convenciendo a quienes no se ven con fuerzas para soportar la presión del grupo social al que pertenecen y sucumben al despropósito de "curar" o reconducir su orientación sexual, violentando su idiosincrasia o la de sus hijos. Después aparecen los casos como el de A. L. un cristiano protestante barcelonés que cuando tenía diecisiete años, el vínculo con una parroquia homófoba le empujó a someterse durante veinte años a tratamiento para ahogar sus deseos homosexuales. Ahora, con cuarenta y tres, explicaba que intentó suicidarse tres veces durante el tratamiento, que le causó una depresión por su ineficacia. Otros se someten voluntariamente o porque no tienen otra opción a torturas todavía mayores con el fin de que no les rechace su familia, dándose casos extremos en los que mueren, como el joven sudafricano Raymond Buys, de quince años, fallecido en dos mil trece, tras pasar diez semanas en un campamento al que sus padres lo enviaron para que le curaran su homosexualidad. Otros, piden perdón como ha hecho el líder del movimiento "ex-gay" John Paulk que tras ser captado por un grupo religiosos se autoconvenció de haberse "curado" de su homosexualidad y emprendió una vida formalmente heterosexual. Finalmente ha admitido que nunca ha dejó de ser gay y que las "terapias reparadoras", que durante años ha promocionado, son no solo inútiles sino dañinas y ha pedido disculpas al colectivo por el daño que ha causado su actitud.

Si silenciamos nuestras voces, se producirán más casos como el Raymond Buys como consecuencia de la ignorancia de sus padres o como el de John Paulk que voluntariamente, por ser aceptado en su grupo religioso, no sólo se hace daño a sí mismo, sino que contribuye a hacer daño a los demás, con mensajes cuyo contenido sabía que, cuanto menos, era dudoso.

Una breve reflexión sobre la insatisfacción que produce la vida al margen de nuestra orientación sexual

En innumerables momentos de mi vida, me he sentido tan hastiado, tan cansado que varias ocasiones me he planteado tirar la toalla. Pensaba que era por la presión a la que estaba sometido por pertenecer a un grupo minoritario al que, como a otras personas, que forman parte de otros colectivos minoritarios, se les pretende empujar hacia el margen social y sufren por ello. Gracias a que nunca he parado de hacerme preguntas, descubrí que ese cansancio, esa insatisfacción no era únicamente originada por mi batalla personal interna sino también por la propia esencia de la vida, por el simple hecho de existir.

Tras muchos años de búsqueda descubrí los escritos de Viktor Frankl. Un hombre que sobrevivió a la tortura de los campos de concentración alemanes y que dedicó su vida a la ayuda de los demás a través de la psiquiatría. "La vida duele", dice Viktor Frankl. "*Incluso el hecho de despertarse duele. Pero el mal del hombre occidental no estriba en que se sienta mal; si no en que se encuentra mal por sentirse mal"*.

Por muy duro que sea el hecho de verte sometido al rechazo junto a las demás formas discriminación por ser como eres, el camino no está en el victimismo y creo que darse cuenta del hecho que plantea Frankl es importante para no caer en él. Durante mucho tiempo pensé que el peso que soportaba, el cansancio y la desgana que, a veces experimentaba se debía exclusivamente a la presión que padecía por ser como era. Esa creencia me hacía sentir terriblemente mal y durante un tiempo, me consideré mucha más víctima de lo que en realidad era. Pero puesto que en los lamentos no hay soluciones sino únicamente un desahogo de nuestra alma, es importante clarificar las fuerzas que actúan sobre nosotros para poder resolver positivamente los retos que la vida nos plantea.

La vida duele, como dice Viktor Frankl, tanto para los homosexuales como para los heterosexuales, al margen de los problemas que como seres humanos compartimos.

Esta apreciación me pareció sumamente importante ya que, en mi lucha por alcanzar el equilibrio personal, me culpaba a mí mismo por mis momentos de debilidad, de falta de fuerzas para afrontar el día, de un malestar difuso y una sensación de insatisfacción aparentemente caprichosa que se instalaba en mí cuando menos lo esperaba. Pensaba que era el esfuerzo que estaba haciendo por superar mis conflictos lo que me provocaba esos estados o que no había trabajado lo suficiente con mis traumas personales, y aún me quedaba algún trabajo por hacer hasta sanarlos por completo. Descubrir que la vida duele para todo el mundo, si bien no hizo que desapareciera mi malestar, sí me liberó de una carga, haciendo esos momentos menos pesados al tiempo que creí comprender el motivo de muchos comportamientos que, tratando de evadir ese dolor, llevan a muchas personas a la autodestrucción.

"El hombre occidental se encuentra mal por sentirse mal". Pues bien, he querido dejarte entre mis notas esta apreciación para que cuando te sientas mal, no atribuyas tu estado físico o emocional a una misma causa y pienses que has fracasado en la búsqueda de tu equilibrio personal. No creas que aún quedan por desvelar traumas ocultos cuando habiendo trabajado con tus complejos a veces te sientas mal ya que es el propio hecho de existir lo que nos produce este estado, no porque nuestro subconsciente esconda algún acontecimiento raro que aún esté por emerger en nuestra conciencia. No te sientas mal por pensar que no debes sentirte así, ya que la vida realmente duele. Habrá días en los que te sobrarán fuerzas para desarrollar mil y una tareas y otros en los que rendir al cien por cien supondrá simplemente lavar la taza del desayuno.

Tengo una teoría, no sé si será cierta, que me surgió a raíz de encontrarme con las ideas de Viktor Frankl. A menudo me preguntaba por qué esta gente que aparentemente lo tiene todo, fama, dinero, posición social, una rica vida sexual y afectiva caían en las drogas, el alcoholismo o en la medicamentosis; llegando algunos a tal extremo que necesitan una batería de calmantes para pasar el día o de verdadera anestesia para dormir. He pensado que cuando se tienen todos esos bienes, que he enunciado, uno piensa que no tiene ninguna razón para sentirse mal, y, en consecuencia, al margen de que algunas personas tomen drogas para su divertimento, otras las tomen para evitar ese dolor en la creencia errónea de que no debería encontrarse ahí. En consecuencia, debemos admitir que al igual que disfrutaremos de momentos de bienestar y de placer sin que hayamos tenido que hacer ningún esfuerzo para conseguirlos, nos encontraremos con momentos de dolor por el mismo motivo, porque nos vendrán así. Cuando así llegan, quizá debamos aceptarlos sin más, esperando a que pase la tormenta, sin culpabilizarnos por ello.

La desprogramación

Cuando uno ha soportado una vida de humillaciones, cuando ha carecido del afecto indispensable de la infancia, cuando ha sentido el rechazo de los propios padres o el de los que creía que eran sus amigos, la autoestima, el amor que uno siente hacia sí mismo, junto con el sentimiento de valía personal quedan distorsionados o quizá incluso no llegan a desarrollarse en la medida necesaria como para tener una vida de adulto plenamente satisfactoria.

Totalmente al margen de la vida afectiva del hombre o de la mujer que ha pasado por este proceso de desvalorización, lleva al resto de los aspectos de su vida las carencias con las que ha crecido y ha sido programado por los mensajes directos e indirectos que le han llegado por parte de los adultos a los que ha estado expuesto; por lo que, en la edad adulta, es necesario cuestionar los mensajes que hemos recibido y, que al carecer de capacidad para razonar, hemos aceptado como verdaderos, creyendo que no somos de la misma pasta que los demás, o tenemos algún estigma de nacimiento.

Según el psicólogo Abraham Maslow, padre de la psicología humanista, para que un hombre o una mujer puedan sentirse plenamente realizados debe tener cubiertas una serie de necesidades básicas comunes a los seres vivos. En primer lugar, las *fisiológicas*: sed, hambre, sexo, dormir. Le sigue la necesidad de **seguridad**, la de **pertenencia**: respeto, agrupación, asociaciones y por último el **reconocimiento** o *liderazgo*.

Cuando alguien te dice o insinúa que **no perteneces** a la sociedad, en nuestro caso por la orientación sexual -no es necesario que sea con palabras -, que no eres merecedor de **respeto** y mucho menos reconocimiento, porque tu forma de manifestar tu afectividad es un error, no ya de la naturaleza sino de ti mismo, me pregunto qué tipo de **seguridad** va a tener para desarrollarse plenamente no ya cómo ser vivo, sino cómo ser humano.

Dentro del ámbito de la orientación sexual –como en realidad en cualquier otro ámbito-, hasta que no nos desarrollamos por completo, aceptamos como verdad todo aquello a lo que nos vemos expuestos y las figuras de autoridad que tenemos alrededor nos transmiten. Heredamos la forma de pensar de nuestros padres, del mismo modo que la conducta, es decir la forma de actuar. El noventa por ciento de la población, en realidad, no necesita cuestionar esos pensamientos, ya que no confrontarán con lo que sienten; pero existe un diez por ciento en los que no resonarán y entrarán en conflicto con lo que íntimamente experimentan y sienten con respecto a su afectividad y sexualidad.

Creo que el primer punto de la desprogramación consiste en aprender a pensar por uno mismo, a tener pensamientos propios en vez de aceptar y repetir los de los demás. Y el primer punto consiste en encontrar nuestra propia definición o una con la que nos sintamos en consonancia. Como decía, al principio de estas notas, ser homosexual es ser un hombre, al que le gusta ser hombre y a quien le gustan los hombres; o en el caso de una lesbiana es ser una mujer a la que le gusta ser mujer y a quien le gustan las mujeres. Esto puede ser un punto de partida con el que empezar a definirte. Esto que parece tan simple, en la práctica no resulta tan sencillo, pues estamos más influidos de lo que pensamos por los tópicos. Sobre todo, el de la pretendida sensibilidad del homosexual, una sensibilidad que, como ya manifesté, erróneamente se asocia a la de las mujeres; una sensibilidad que, por otra parte, no todos poseen y si acaso, como hombre homosexual, la poseyera, hay que dejar bien claro que se trataría de una sensibilidad masculina; como en una mujer lesbiana, si tuviera cierta rudeza, sería una rudeza femenina.

Con relación a la pertenencia, todo el mundo pertenece a la familia y a la sociedad en la que nace y se desarrolla por derecho propio. A este respecto dice Bert Hellinger, creador de la terapia de *Las Constelaciones Familiares*: "*Todos los miembros de una familia tienen el mismo derecho de pertenencia. Es un derecho que no se puede impugnar. No hay grado de pertenencia superior o inferior. El simple hecho de nuestro nacimiento (hasta debería decir concepción) nos da un lugar en la familia.*

Incluso nuestra muerte no puede volver a poner esta pertenencia en cuestión."

Cuando uno es diferente, generalmente se le aparta o se le oculta. Si han hecho contigo o pretenden hacerlo, el problema lo tienen ellos; aunque en primera instancia tú pagues las consecuencias de su actitud. ¿Entonces de que me sirve saber que pertenezco, si me van a apartar de igual modo? Bueno, no olvidemos el sentimiento de culpabilidad. Es posible que pensemos, que si nos apartan o nos censuran en nuestra familia por ser como somos, lo merezcamos como castigo, por ser diferentes. Pues eso no es así. En este caso, los transgresores son ellos, si pretenden convertirte en un familiar de segunda, es un problema de ellos. Si es que alguien debería sentirse culpable, serían ellos.

Eres un ser perfecto. Antes de que alguien más lo crea, tienes que creerlo por ti mismo. Incluso teniendo hipotéticamente alguna imperfección eres perfecto porque la vida te creo tal como eres; lo único que realmente puedes hacer es descubrir lo que hay dentro de ti. Despójate de los añadidos que han ido cargando sobre ti, relacionados con creencias, prejuicios, miedos irracionales, etc., busca un compañero y vive.

Mi experiencia de vida

Escribir estas breves notas ha removido en mí dolores que creía superados, miedos que pensaba que habían quedado en el pasado y recuerdos que siguen siendo tan dolorosos como en el momento que se produjeron los hechos recordados.

El mayor daño que yo sufrí fue el que me ocasionó mi propia familia. Mi infancia e incluso mi adolescencia están dentro de una nebulosa oscura que el mecanismo de defensa de la negación colocó en el olvido con el fin de que mi sistema nervioso no se colapsase. Desde niño y hasta la edad de treinta y cinco años padecí de fuertes depresiones que no sólo me impedían disfrutar de la vida, sino que me alentaban a abandonarla. Después de pasar por varios psiquiatras que únicamente podían ayudarme cargándome de medicamentos, poco antes de tomar la decisión de dejar este mundo, di con una psicoanalista que consiguió abrir la caja de los truenos y sacar a la luz el horror que desde dentro de mí me estaba condicionando, como consecuencia de no haber podido racionalizar los acontecimientos que me fueron destruyendo poco a poco.

La mayor parte de mi vida la he pasado sin ningún tipo de contacto físico con otras personas, salvo en las relaciones sexuales que ocasionalmente mantenía. Era como si pensara que tenía una especie de "sustancia" asquerosa que cubría mi cuerpo y no debía dejar que los demás se acercaran a mí y se infectasen con ella.

Aún hoy es el día en el que no puedo creer que alguien pueda amarme, ni tan siquiera quererme. En consecuencia, mis relaciones afectivas han carecido de lo fundamental. Es como si al crecer sin ningún tipo de afecto, algún tipo de órgano receptor del amor se hubiera atrofiado en medio de su desarrollo y fuera incapaz de creer tanto en las palabras como incluso en los hechos. No podía entenderlo. Con el tiempo he ido buscando y he encontrado respuestas como la que me ofrece Robert Hottman en su libro "El síndrome del amor negativo".

"Toda nuestra programación básica negativa ocurre antes de la pubertad (edad de la madurez biológica). El adulto en el que nos transformamos después de la pubertad, actúa automáticamente según su modelo aprendido en la infancia... la falta de sustento y amor es la causa básica de su falta de habilidad, para relacionarse con amor, consigo mismo y con los demás. Muchos de ustedes tuvieron padres físicamente presentes, pero emocionalmente ausentes: el resultado es el mismo. Desgraciadamente, nosotros pasamos la vida rechazándonos y armando situaciones en las que nos rechazan los demás."

Me he pasado la vida reconstruyéndome y no me gustaría que nadie tuviera que pasar por lo mismo. No obstante, hoy es el día en el que estoy reconciliado con mi historia personal y con la familia que me tocó en "suerte". No se puede vivir odiando, porque una parte del veneno del odio te lo llevas tú. Finalmente me alejé de ellos, comprendiendo que obraron acorde a sus propias limitaciones, pero que no por eso debía permitir que siguieran lastimándome.

Mi madre, fue incluso más hiriente que mi propio padre, por lo que no puedo creer en la bondad maternal natural y espontanea ni incluso en una especial sensibilidad femenina. Realmente tener una buena madre, tiene mucho más valor del que se podía pensar. Lo peor de todo es que creía que me merecía el maltrato psicológico que recibía y el físico, aunque fuera en mucho menor grado.

La mayor parte de mi vida la he vivido con miedo hacia los demás, no únicamente un miedo a que me rechazaran sino incluso a que me golpearan porque sí; porque lo merecía por ser como era, por sentir como sentía.

Durante mucho tiempo he buscado respuestas al porqué de lo que me sucedía. Aquí te dejo una parte de lo que encontré. No sé por qué la vida puede ser tan complicada para algunas personas y para otras, tan aparentemente fácil. No quiero engañarte, las respuestas por sí mismas no solucionan nada, aunque creo que alivian el peso de algunas cargas psicológicas que llevamos. La verdad nos hace libres de nuestras propias presiones psicológicas, que ya es bastante, pero no mucho más sino es compartida por el resto del mundo.

A pesar de estar lejos del sueño que un día remoto yo tuve para mi vida, creo haber encontrado buenos amigos y superado la mayor parte de mis complejos. Cuando comencé estas notas era el mes de octubre de dos mil doce, tenía cincuenta y tres años. Las dejé aparcadas hasta este mes de mes mayo de dos mil trece, por lo que ahora tengo cincuenta y cuatro. No sé lo que me resta de vida y aunque creo estar preparado para marcharme, me gustaría pensar que aún hay algún tipo de sorpresa positiva esperando para mí. Pero si así no fuera y mi vida tuviese que seguir tan insustancial como lo es ahora, seguiré formulándome preguntas que tal vez me lleven a algún tipo de liberación, que en este momento ni imagine. En ese caso las dejaré por escrito, como estas que te he dejado, por si te sirvieran a ti o alguno más.

Querido hijo que nunca tuve, donde quiera que en el tiempo y el espacio estés, seas o no seas homosexual, esto fue lo que dejé para ti. Si cuando estos pensamientos caigan en tus manos yo ya no existiera, si acaso después de la muerte hubiera otra vida y pudiera de algún modo interferir en esta, ten por seguro que me tendrás a tu lado, dándote fuerza en los momentos de debilidad o amparándote en tu soledad hasta que encuentres a alguien que te quiera y se quede a tu lado.

Mayo de 2013

OTRAS OBRAS DEL AUTOR EN AMAZON

Poemas y versos de amor profano

Poesía homoerótica

Magnífica composición de poesía homoerótica contemporánea al estilo de los mejores poetas clásicos. Una brillante obra de poesía amatoria con una gran carga de erotismo en su primera parte, formada por veintitrés poemas, donde predominan principalmente los sonetos junto a otras composiciones de estilo libre.

La segunda parte está formada por trece poemas de amor romántico también al estilo clásico, donde se profundiza en las emociones que acompañan al amor, como la decepción, la espera o la dicha que finalmente produce el hecho de encontrarse con el ser amado.

Por último, un poema titulado "Autografía" donde el autor trata de reflejar el sentimiento profundo que sostiene su propia alma.

El Nigromante

Una mujer es encontrada muerta en su domicilio y la única pista que tiene la policía es la tarjeta del gabinete de David, encontrada sobre su mesilla de noche. A través del hilo conductor de una investigación policial, El Nigromante cuenta la historia de un hombre que para vivir trabaja como echador de cartas.

La hora nona

Un monje es encontrado muerto en las frías escaleras del campanario del monasterio de San José durante la mañana de Navidad. La muerte es dictaminada como accidental; pero una misteriosa carta, que llega hasta su familia, les hace sospechar que la verdad oficial se encuentra lejos de lo que en realidad ocurrió.

Sombras en el balneario

Sara Olmos, propietaria del Gran Hotel Balneario de Santaloma, acude al despacho del detective Samuel Trusant, con el fin de que investigue las circunstancias que rodearon a la muerte de su esposo. Al mismo tiempo, y con objeto de alejar la atención de los posibles implicados en el suceso, le pide que indague sobre la veracidad de unas misteriosas apariciones que se producen en uno de los pasillos del hotel.

El sueño del dragón

Un niño es abandonado nada más nacer en una granja de Colorado, EEUU. Al cumplir diez y nueve años, descubre un pequeño atlas con un punto señalando una pequeña localidad europea. Llevado por un impulso que no puede evitar decide dirigirse a ella; Para lo cual se embarcará como camarero en el crucero Alpha Dragonis, donde se verá amenazado por unas extrañas criaturas al tiempo que conocerá a una misteriosa mujer que le descubrirá tanto su verdadero origen como la misión que tiene encomendada. (Aventuras)

El camino de la iluminación espiritual y personal

Las fases que atravesamos en el camino espiritual no vienen señaladas en un mapa ya que hay tantos caminos para llegar a la cima del espíritu como personas existen en el mundo, pero tarde o temprano, todo buscador pasa por las mismas estaciones, por los mismos puestos de peaje, por las mismas aduanas. De eso trata este libro.

www.ingramcontent.com/pod-product-compliance
Lightning Source LLC
Chambersburg PA
CBHW020539290526
45786CB00002B/956